Kräuter & Wildkräuter

Danksagung der Autoren:
Wir bedanken uns bei allen, die uns bei der Realisierung des Projektes geholfen haben.
Insbesondere bei Friederun Köhnen, Florentine Schwabbauer, Tanja Germann, Jana Heimberg, Wiebke, Jana, Lisa, Insa, Dirk, Mucki, Janine und Sandra und bei
HOME-INTERIORS, Jeanette Walther, Mittelstraße 45, 45549 Sprockhövel,
0 23 39 / 12 43 00, www.home-interiors.de

Unser Verlagsprogramm finden Sie unter
www.christian-verlag.de

Produktmanagement:
Janna Heimberg, Sabine Scheurer
Textredaktion und Korrektur: Julia Kaufhold,
Julei M. Habisreutinger, Alexandra Michelis
Layout: griesbeckdesign, München
Herstellung: Bettina Schippel
Lithografie: Repro Ludwig

The Food Professionals Köhnen AG:
Text und Rezepte: Silke Höpker
Fotografie: Stefan Schulte-Ladbeck
Foodstyling und Rezepte: Christa Schraa
Grafische Umsetzung: Stefan Windus

Druck und Bindung: Printer Trento
Printed in Italy

Die Deutsche Nationalbibliothek verzeichnet diese Publikation in der Deutschen Nationalbibliografie; detaillierte bibliografische Daten sind im Internet über http://dnb.d-nb.de abrufbar.

ISBN 978-3-86244-001-6

Für Hinweise und Anregungen sind wir jederzeit dankbar. Bitte richten Sie diese an:
Christian Verlag
Postfach 400209
80702 München
E-Mail: lektorat@verlagshaus.de

Silke Höpker

Kräuter & Wildkräuter

110 würzige Rezepte

Fotos Stefan Schulte-Ladbeck

CHRISTIAN

Inhalt

Vorwort

Früher wurde Kräutern und Wildkräutern vor allem ihrer Heilkraft wegen eine besondere Bedeutung beigemessen. Und auch heutzutage werden Kräuter gerne wieder als Heilmittel eingesetzt. Doch neben ihren gesundheitsfördernden Eigenschaften werden zunehmend auch ihr Geschmack und Aroma geschätzt. So sind Kräuter und Wildkräuter zu einem *echten Geheimtipp* geworden, wenn es darum geht, Gerichten eine ganz besondere Note zu verleihen.

Entdecken Sie in diesem Buch, wie Sie Fleisch-, Fisch- oder vegetarische Gerichte, Saucen und Beilagen, ja sogar Desserts und Drinks mit Kräutern und Wildkräutern veredeln können und erfahren Sie viel Wissenswertes aus der *wundervollen Welt der Kräuter*.

Geschichte der Kräuter

Seit Tausenden von Jahren werden Kräuter *zum Würzen und Heilen* verwendet. Viele Kräuter, vor allem Wildkräuter, dienten immer schon als Medizin gegen Krankheiten und zugleich als Gewürz zum Aromatisieren von Speisen.

Archäologen sind davon überzeugt, dass bereits unsere „primitiven" Vorfahren Fleischstücke in Kräuter einwickelten und danach auf Steinen brieten. Und in der Antike entwickelten Priesterärzte Rezepturen aus Heilkräutern und Würzpflanzen, um Körper, Geist und Seele zu heilen.

Im Mittelalter entstanden die berühmten Heilkräutergärten der Klöster. Mönche und Nonnen hegten und pflegten dort neue, meist aus dem Mittelmeerraum importierte Kräuter. Und sie halfen mit ihrem Wissen jedem Kranken, der an die Klosterpforte klopfte. Das Wissen über die Kräuterheilkunde ging im späten Mittelalter an die Apotheken über. Die Kunst des Heilens mit wilden Kräutern war aber lange Zeit „Weibersache", wie unter anderem viele Hexenprozesse belegen.

Gartenkräuter wie Schnittlauch, Petersilie, Dill, Thymian oder auch Basilikum wurden seit dieser Zeit in der Küche verwendet. Und durch die Entdeckung neuer Länder und Seefahrtswege kamen immer wieder neue Kräuter und Gewürze hinzu. Das heutige Angebot an Kräutern ist äußerst vielfältig. So finden sich in jedem Supermarkt neben frischen Kräutertöpfen auch getrocknete und tiefgekühlte Kräuter aller Art. Selbst Wildkräuter sind schon auf vielen Wochenmärkten erhältlich.

Garten und Balkon

Die meisten Kräuter können Sie problemlos in einem Topf auf der Fensterbank oder auf dem Balkon ziehen.

Da Kräuter *im Topf* empfindlich auf Staunässe reagieren, sollten Sie sie immer nur vorsichtig gießen!

Schneiden Sie Ihre Kräuter *regelmäßig zurück* – dann erhalten Sie kräftige Neutriebe.

Wenn Sie etwas Platz um Ihr Haus herum haben, können Sie sich einen kleinen *Kräutergarten* anlegen. Suchen Sie sich dafür möglichst ein sonniges bis halbschattiges und vor allem windgeschütztes Fleckchen aus.

Kleine Kräuterkunde

»Gegen alles ist ein Kraut gewachsen«, lautet ein bekanntes Sprichwort. Kein Wunder also, dass seit altersher auch bei religiösen Zeremonien die *heilenden und heiligen Kräuter und Wildkräuter* eine große Rolle spielten.

Aufgrund ihrer jeweils spezifischen Inhaltsstoffe weisen alle Kräuter unterschiedliche Wirkungen auf, wobei bei den einen die heilende, bei den anderen die würzende Komponente überwiegt. Zu den Wirkstoffen zählen u. a. ätherische Öle, Alkaloide, Harze, Bitter- und Schleimstoffe, organische Säuren, Mineralstoffe und Vitamine.

Dabei ist Kraut nicht gleich Kraut. Es gilt, botanisch gesehen, zu unterscheiden zwischen krautigen, also nicht verholzenden Gewächsen, und Pflanzen, die nur an der Basis verholzen. So zählen zum Beispiel Petersilie oder Schnittlauch zu den nicht verholzenden Kräutern. Und obwohl beipielsweise Salbei, Rosmarin und Thymian zu den Halbsträuchern, also den teilverholzenden Pflanzen gehören, werden sie zu den klassischen grünen Würz- und Heilkräutern gerechnet.

Und je nach ihrer Verwendung werden die Kräuter wiederum in Küchenkräuter oder Heilkräuter untergliedert.

Als Küchenkräuter werden all die Kräuter bezeichnet, die zum Würzen, zum Garnieren oder der schmackhaften Zubereitung von Speisen dienen. Heilkräuter werden hingegen zur Linderung von Krankheiten meist in Form von Salben, Tees oder Tinkturen eingesetzt. Hierbei ist eine strenge Abgrenzung oft nicht möglich, da so manches Kraut, wie zum Beispiel Salbei, sowohl als Küchen- als auch als Heilkraut dienen kann. Die Anwendung definiert, zu welcher Gruppe Salbei zählt. Würzt Salbei den Mittagstisch, ist er ein Küchenkraut, als Tee oder Lutschbonbon gegen Halsschmerzen eingesetzt, wird er zu den Heilkräutern gerechnet.

Während man von den grünen Kräutern überwiegend die Blätter und Stängel von frischen oder getrockneten Pflanzen verwendet, können Gewürze auch aus anderen Pflanzenteilen bestehen, wie Knospen, Früchten, Beeren, Wurzeln oder Rinden (z. B. Zimt aus der Rinde des Zimtbaums), und zum Aromatisieren eingesetzt werden.

Cremes, Pasten & Saucen …

mögen vielleicht einen dezenten Auftritt haben, als feine Geschmacksgeber aber verleihen sie vielen Gerichten erst ihre *Extranote.* Und mit frischen, würzig duftenden Kräutern aromatisiert, wandeln sie sich gar zu *wahren Würzwundern.*

Frische Kräuter zu jeder Zeit

Wer nach frischen Gartenkräutern sucht, wird sie das ganze Jahr über auf dem Wochenmarkt oder im Supermarkt finden können – daneben auch eine *große Vielfalt* an getrockneten oder tiefgekühlten Exemplaren.

Frische Kräuter erhält man im Bund oder im Topf. Letztere bieten den Vorteil, dass sie bei guter Pflege nachwachsen und lange verwendet werden können. Kräuter im Bund sind dagegen nur kurz haltbar – bei Zimmertemperatur je nach Kraut nur ungefähr einen Tag. Etwas länger lassen sie sich aufbewahren, wenn man sie in einen mit Luft gefüllten Plastikbeutel oder in ein feuchtes Tuch gewickelt im Kühlschrank lagert. Um frische Kräuter, gleich ob gekauft oder aus dem Garten, für längere Zeit haltbar zu machen und zu lagern, gibt es die Möglichkeit, sie zu trocknen, einzufrieren oder in Essig und Öl einzulegen.

Trockenperiode

Kräuter mit einem kräftigen Aroma, wie Bohnenkraut, Lorbeer, Rosmarin, Oregano, Thymian, Salbei und Minze, eignen sich gut zum Trocknen. Die Kräuter können am besten in einem warmen, dunklen und luftigen Ort wie etwa im Keller oder in der Speisekammer trocknen. Je nach Pflanzenart gibt es verschiedene Trocknungstechniken. Kräuter mit kleinen Blättern werden mitsamt Stiel gebündelt und kopfüber aufgehängt, während Kräuter mit großen Blättern auf einem Rost trocknen sollten. Je nach Pflanzenart und Umgebungstemperatur kann das Trocknen ein paar Tage bis eine Woche dauern. Wer das Trocknen beschleunigen möchte, kann die Kräuter einige Stunden bei 50 Grad Umluft im Ofen trocknen lassen. Trocken sind die Kräuter, wenn sie beim Anfassen rascheln. Die Blättchen können nun abgestreift, gerebelt und in einem lichtundurchlässigen Gefäß an einem kühlen Ort gelagert werden. Licht, Wärme und Feuchtigkeit können den Geschmack beeinträchtigen. Getrocknete Kräuter halten sich ungefähr ein halbes Jahr.

Konservierung in Essig und Öl

Zum Einlegen geeignet sind unter anderem Basilikum, Dill, Schnittlauch, Lorbeer, Oregano, Rosmarin und Thymian. Essig und Öl können Inhalts- und Geschmacksstoffe der Kräuter annehmen und sie auf diese Weise konservieren. Zur Herstellung von Kräuteröl werden die Kräuter entweder mit Öl püriert oder in ein Gefäß mit Öl geschichtet. Das Kräuter-Öl-Gemisch wird fest verschlossen und für zwei bis drei Wochen stehen gelassen, damit das Öl durchziehen kann. Anschließend werden die Kräuter abgeseiht und das Öl wird kühl und dunkel gelagert. Kräuteressig wird auf die gleiche Weise hergestellt. Essig und Kräuter werden in einer dunklen Flasche mehrere Wochen stehen gelassen. Die Flasche sollte dabei ab und zu geschüttelt werden. Nachdem der Kräuteressig gezogen ist, werden die Kräuter abgeseiht. Kräuteressig und Kräuteröl halten sich je nach Lagerungsbedingungen mehrere Wochen.

Eiszeit

Die meisten Kräuter lassen sich problemlos einfrieren. Im Vorfeld sollten die frischen Kräuter immer gut gewaschen und trocken geschleudert werden. Für das Tiefkühlen gibt es vielfältige Möglichkeiten, hier ein paar Beispiele:

– Frische Kräuter hacken und mit etwas Wasser in einen Eiswürfelbehälter füllen. Die gefrorenen Kräuter können praktisch portioniert werden und eignen sich gut für Saucen und Suppen.

– Gemischte Kräutersträuße gut in Alufolie verpacken und die Kräuterpäckchen einfrieren. Ideal als Zugabe zu Eintöpfen und Schmorgerichten, allerdings sollten die Kräutersträuße vor dem Servieren entfernt werden.

– Gehackte Kräuter in einen Gefrierbeutel füllen, die Luft herausziehen und anschließend einfrieren. Die Kräuter können dann direkt den Gerichten zugegeben werden.

Im Tiefkühlfach sind Kräuter etwa sechs bis acht Monate haltbar.

Himbeervinaigrette mit Minze

Ein perfekt sommerliches und fruchtig-frisches Dressing.

ZUBEREITUNG: 10 MINUTEN
ERGIBT 4 PORTIONEN (BILD)

Zutaten

2–3 Stängel Minze
5 EL Rapsöl
5 EL Olivenöl
2 EL Himbeeressig
60 g Himbeeren
1 EL Himbeerkonfitüre
1 TL mittelscharfer Senf
80 ml Gemüsebrühe
1–2 TL Zucker
Salz
Pfeffer

Minze waschen, trocken tupfen und fein hacken. Rapsöl mit Olivenöl, Himbeeressig, Himbeeren, Konfitüre, Senf und Gemüsebrühe pürieren. Minze untermischen und mit Zucker, Salz und Pfeffer pikant abschmecken.

▮ TIPP: *Die Vinaigrette schmeckt zu Rapunzelsalat mit frischen Himbeeren und gehackten, gerösteten Haselnüssen.*

Asiatisches Dressing

Ein Hauch Asiens auch in Ihrer Küche, wunderbar exotisch.

ZUBEREITUNG: 10 MINUTEN
ERGIBT 4 PORTIONEN

Zutaten

1 rote Chilischote
10 g Ingwer
2 Stängel Minze
2 Stängel Koriander
2 Stängel Thaibasilikum
3 EL Sesamöl
3 EL Olivenöl
3 EL Sojasauce
80 ml Gemüsebrühe
1 EL dunkle Sesamsaat
1 EL Honig

Chilischote waschen, halbieren, entkernen und fein würfeln. Ingwer schälen und klein hacken. Kräuter waschen, trocken tupfen und fein hacken. Sesam- und Olivenöl, Sojasauce und Gemüsebrühe vermengen. Chili, Ingwer, Kräuter und Sesamsaat untermischen und mit Honig abschmecken.

Erdbeerdressing

ZUBEREITUNG: 10 MINUTEN
ERGIBT 4 PORTIONEN (BILD LINKS)

Zutaten

3 EL Olivenöl | 3 EL Sesamöl
2 EL Erdbeeressig | 3 EL Gemüsebrühe
Salz | Pfeffer | 1 EL Honig
2 EL gemischte, gehackte Kräuter
(Basilikum, Schnittlauch, Petersilie)

Oliven-, Sesamöl, Erdbeeressig und Gemüsebrühe verrühren. Mit Salz, Pfeffer und Honig abschmecken und mit Kräutern verfeinern.

Pestodressing

ZUBEREITUNG: 15 MINUTEN
ERGIBT 4 PORTIONEN (BILD UNTEN)

Zutaten

1 EL Pinienkerne | 3 EL grünes Pesto
1 EL Mayonnaise | 8 EL Milch
Kräutersalz

Pinienkerne fein hacken und in einer Pfanne rösten. Pesto (s. S. 30) mit Mayonnaise und Milch verrühren. Mit Kräutersalz pikant abschmecken und mit Pinienkernen verfeinern.

Lauwarmes Kartoffeldressing

ZUBEREITUNG: 25 MINUTEN
ERGIBT 4 PORTIONEN (BILD OBEN)

Zutaten

2 Schalotten | 1 Knoblauchzehe
1 TL Pflanzenöl
1 mittelgroße gekochte Kartoffel
2 EL Crème fraîche
125 ml Gemüsebrühe
1 TL heller Balsamicoessig
Salz, Zitronenpfeffer
1–2 Prisen Zucker
3 EL gehackter Kerbel und Petersilie

Schalotten und Knoblauch abziehen, in feine Würfel schneiden und in Pflanzenöl glasig anbraten. Kartoffel mit Crème fraîche und Brühe zerstampfen. Schalotten- und Knoblauchwürfel unterrühren. Mit Balsamicoessig, Salz, Zitronenpfeffer und Zucker pikant abschmecken. Mit Kerbel und Petersilie verfeinern.

Orangendressing

ZUBEREITUNG: 10 MINUTEN
ERGIBT 4 PORTIONEN (BILD RECHTS)

Zutaten

1 1/2 TL mittelscharfer Senf
4 EL Blutorangensaft
2 EL Fruchtaufstrich Orange
2 EL Rapsöl
2 EL gehackte Zitronenmelisse
Salz | Pfeffer | Zucker

Senf, Blutorangensaft, Fruchtaufstrich und Rapsöl fein pürieren. Zitronenmelisse unterheben und mit Salz, Pfeffer und Zucker pikant abschmecken.

Olivenpesto

Hier wird das klassische Olivenpesto mit knackigen Nüssen verfeinert.

ZUBEREITUNG: 10 MINUTEN
ERGIBT 4 PORTIONEN (BILD UNTEN)

Zutaten

1–2 Schalotten
2 Knoblauchzehen
1/2 Bund glatte Petersilie
150 g schwarze Oliven (ohne Stein)
2 EL geriebener Pecorino
1 EL dunkler Balsamicoessig
6 EL Olivenöl
2 EL gesalzene Erdnüsse
Chilipulver
frisch gemahlenes Meersalz
weißer Pfeffer

Schalotten und Knoblauch abziehen und würfeln. Petersilie waschen und trocken tupfen. Mit Oliven, Pecorino, Balsamicoessig, Olivenöl und Erdnüssen pürieren. Pesto mit Chilipulver, Meersalz und Pfeffer pikant abschmecken.

Tomatenpesto

Mit diesem Pesto erleben Sie die Wärme des Sommers das ganze Jahr.

ZUBEREITUNG: 25 MINUTEN
EINWEICHZEIT: 15 MINUTEN
ERGIBT 4 PORTIONEN (BILD OBEN)

Zutaten

3 Stängel Basilikum
200 g getrocknete Tomaten
500 ml heiße Gemüsebrühe
2 Knoblauchzehen
3–4 EL dunkler Balsamicoessig
3 EL Pinienkerne
6 EL Olivenöl
4 EL geriebener Parmesan
Salz
Pfeffer
Zucker

Basilikum waschen und trocken tupfen. Tomaten mit Brühe übergießen und ca. 15 Minuten ziehen lassen. Gut abtropfen lassen und 125 ml Brühe auffangen. Knoblauch abziehen, mit Tomaten, Basilikum, Balsamicoessig, Pinienkernen, Olivenöl und Parmesan pürieren. Mit Brühe verlängern und mit Salz, Pfeffer und Zucker pikant abschmecken.

TIPP: *Schmeckt besonders gut zu Pasta oder als Aufstrich zu Baguette.*

Buttermilchdressing

Die Buttermilch verleiht diesem Dressing seine Leichtigkeit und Frische.

ZUBEREITUNG: 10 MINUTEN
ERGIBT 4 PORTIONEN (BILD)

Zutaten

500 ml Buttermilch | Saft von 1/2 Zitrone
3 EL Honig | 1 TL mittelscharfer Senf
2 EL leichte Mayonnaise
1 EL gehackter Thymian
2 EL gehackte Petersilie | Salz
Zitronenpfeffer

Buttermilch, Zitronensaft, Honig, Senf und Mayonaise pürieren. Thymian und Petersilie unterrühren und mit Salz und Zitronenpfeffer pikant abschmecken.

French Dressing mit Estragon

Der Estragon harmoniert wunderbar mit dem Joghurt und Ei im Dressing.

ZUBEREITUNG: 10 MINUTEN
ERGIBT 4 PORTIONEN

Zutaten

150 g Joghurt | 3 EL Apfelessig
5 EL Olivenöl | 2 TL Senf
1/2 Bund Estragon | 2 hart gekochte Eier
Salz | Pfeffer | Zucker

Joghurt, Essig, Olivenöl und Senf vermischen. Estragon waschen, trocken tupfen und fein hacken. Eier würfeln und mit Estragon unterheben. Mit Salz, Pfeffer und Zucker pikant abschmecken.

Thousand-Island-Kräuterdressing

Dieser Klassiker wird in dieser Variante mit Schnittlauch und Kerbel raffiniert verfeinert.

ZUBEREITUNG: 10 MINUTEN
ERGIBT 4 PORTIONEN

Zutaten

100 g Crème fraîche | 5 EL Mayonnaise
1 EL Tomatenmark | 3 EL Ketchup
1 TL Senf | 1 rote Paprika
1/2 Bund Schnittlauch | 1/2 Bund Kerbel
Salz | Pfeffer

Crème fraîche, Mayonnaise, Tomatenmark, Ketchup und Senf zu einer glatten Creme verrühren. Paprika waschen, entkernen und in sehr kleine Würfel schneiden. Schnittlauch und Kerbel waschen und trocken tupfen. Schnittlauch in Röllchen schneiden und Kerbel fein hacken. Kräuter und Paprikawürfel unter das Dressing rühren und mit Salz und Pfeffer pikant abschmecken.

▌TIPP: *Restliches Dressing in eine Flasche füllen. Im Kühlschrank aufbewahrt, ist das Dressing ca. 1 Woche haltbar.*

Kräuteraufstrich

Durch die Kombination aus Kresse und Schnittlauch erhält der Aufstrich seine leicht scharfe Note.

ZUBEREITUNG: 15 MINUTEN
ERGIBT 4 PORTIONEN (BILD)

Zutaten

3 Scheiben Weißbrot | 125 ml Milch
250 g weiche Butter | 150 g Crème fraîche
4 EL gehackte Kräuter (z. B. Kresse und Schnittlauch) | Salz | Pfeffer
1–2 EL Zitronensaft

Brot in Würfel schneiden und in der Milch einweichen. Brotwürfel ausdrücken. Butter und Crème fraîche schaumig schlagen und Brot unterkneten. Kräuter unterrühren und mit Salz, Pfeffer und Zitronensaft pikant abschmecken. Kräuteraufstrich mit frischem Bauernbrot servieren.

Basilikumbutter

Ideal zu allen sommerlichen Grillgerichten und gebratenem Fleisch und Fisch.

ZUBEREITUNG: 5 MINUTEN
ERGIBT 8 PORTIONEN

Zutaten

1 großes Bund Basilikum
250 g weiche Butter | 1 TL Zitronenschale
grobes Meersalz | Pfeffer

Basilikum waschen, trocken tupfen und mit weicher Butter und Zitronenschale in eine Schüssel geben. Mit einem Schneidestab fein pürieren und mit Salz und Pfeffer abschmecken. Passt gut zu geröstetem Brot.

Aioli mit Estragon

Der Estragon ist eine optimale Ergänzung für eine Aioli, einfach lecker!

ZUBEREITUNG: 10 MINUTEN
ERGIBT 8 PORTIONEN

Zutaten

2-3 junge Knoblauchzehen
Salz | 1 Eigelb | Pfeffer
1–2 EL Zitronensaft | 200 ml Keimöl
1/2 Bund Estragon

Knoblauch abziehen, zerdrücken und mit Salz zu einer feinen Paste verreiben. Eigelb mit Knoblauchpaste, Pfeffer und Zitronensaft in ein hohes Gefäß geben und verquirlen. Öl tropfenweise zugeben und mit dem Mixer zu einer cremigen Masse aufschlagen. Estragon waschen, trocken tupfen, fein hacken und unter die Aioli mischen.

Schnittlauch-Kartoffel-Dip

ZUBEREITUNG: 15 MINUTEN
ERGIBT 4 PORTIONEN (BILD LINKS)

Zutaten

2 mittelgroße gekochte Kartoffeln
3 Knoblauchzehen
4 EL Schnittlauchröllchen
5 EL Olivenöl | 3 EL Crème fraîche
6 EL Gemüsebrühe | 2 EL gehackte Minze
Salz | Pfeffer | 2 EL Weißweinessig

Kartoffeln pellen und durch ein Sieb streichen. Knoblauch abziehen und pressen. Knoblauch und Schnittlauchröllchen mit Öl, Crème fraîche, Brühe und Minze unter die warme Kartoffelmasse rühren. Mit Salz, Pfeffer und Essig pikant abschmecken.

Avocadocreme

ZUBEREITUNG: 20 MINUTEN
ERGIBT 4 PORTIONEN (BILD LINKS)

Zutaten

2 weiche Avocados | 1 Schalotte
1 kleine Knoblauchzehe
2 Tomaten | 2 EL gehackter Koriander
1/4 TL Kreuzkümmel | 1 EL Limettensaft
Salz | grober Pfeffer | Zucker

Avocados halbieren, Kerne herauslösen und Avocadofruchtfleisch mit einem Löffel herauslösen. Schalotte und Knoblauch abziehen. Schalotte fein würfeln und Knoblauch pressen. Tomaten waschen und in feine Streifen schneiden. Avocadofruchtfleisch mit einer Gabel cremig zerdrücken. Schalottenwürfel, Knoblauch, Tomatenstreifen und Koriander unterrühren. Mit Kreuzkümmel, Limettensaft, Salz, Pfeffer und Zucker pikant abschmecken.

Scharfe Salsa

ZUBEREITUNG: 25 MINUTEN
ERGIBT 4 PORTIONEN (BILD RECHTS)

Zutaten

3 mittelgroße Tomaten
1 rote Zwiebel | 1 rote Chilischote
4 EL Olivenöl | 2 EL brauner Zucker
3 EL Tomatenmark
4 EL gehackte Petersilie
3 EL Tomatenketchup | Salz | Pfeffer

Tomaten mit kochendem Wasser überbrühen, häuten und klein würfeln. Zwiebel abziehen. Chilischote waschen, längs halbieren und entkernen. Zwiebel und Chilischote fein hacken. Öl in einer Pfanne erhitzen und Zwiebel mit Chilischote darin braten. Zucker unterrühren. Tomaten zugeben und etwas einkochen. Tomatenmark, Petersilie und Ketchup zugeben, mit Salz und Pfeffer abschmecken.

Bayrische Käsecreme

ZUBEREITUNG: 20 MINUTEN
ZIEHZEIT: 1 STUNDE
ERGIBT 4 PORTIONEN (BILD RECHTS)

Zutaten

1 Schalotte | 200 g Camembert
1 Bund Schnittlauch
1 kleine Knoblauchzehe
200 g Crème fraîche
1/2 TL Paprikapulver | Salz | Pfeffer

Schalotte abziehen und mit Camembert fein würfeln. Schnittlauch waschen, trocken tupfen und in feine Röllchen schneiden. Knoblauch abziehen und pressen. Crème fraîche mit Camembert-, Schalottenwürfeln, Schnittlauch und Knoblauch verrühren. Mit Paprikapulver, Salz und Pfeffer würzen, ca. 1 Stunde ziehen lassen. Käsecreme abschmecken.

Vegetarisches Kräuterschmalz

Schmalz mal von einer ganz anderen Seite, mit aromatischen Kräutern und dem beliebten Geschmack von Zwiebel und Apfel.

ZUBEREITUNG: 20 MINUTEN
ZIEHZEIT: 1 STUNDE
ERGIBT 4 PORTIONEN (BILD)

Zutaten

1 mittelgroße Zwiebel
1 kleine Knoblauchzehe
1 mittelgroßer Apfel
250 g Margarine
1 TL gehackter Oregano
1 TL gehackter Salbei
1 TL Zitronenmelisse
1 TL Petersilie
Salz
Zitronenpfeffer
Zucker

Zwiebel und Knoblauch abziehen. Knoblauch pressen. Apfel vierteln, entkernen, schälen und mit Zwiebel fein reiben. 125 g Margarine schmelzen lassen und Apfel, Zwiebel und Knoblauch untermischen. Ca 10 Minuten unter Rühren bei kleiner Hitze garen. Kräuter zugeben und erneut erhitzen. Restliche Margarine zugeben, unterrühren und mit Salz, Pfeffer und Zucker pikant abschmecken. Schmalz ca. 1–2 Stunden kalt stellen. Mit frischem Bauernbrot servieren.

Tomaten-Petersilien-Butter

Lassen Sie sich von diesem Aufstrich überraschen, Sie werden begeistert sein.

ZUBEREITUNG: 40 MINUTEN
ERGIBT 8 PORTIONEN

Zutaten

1/2 Bund Petersilie
1–2 Knoblauchzehen
250 g Butter
100 g Tomatenmark
Salz
Pfeffer
Zucker

Petersilie waschen, trocken tupfen und fein hacken. Knoblauch abziehen. Butter in einem Topf schmelzen. Tomatenmark unterrühren, Knoblauch zerdrücken und zugeben. Petersilie unterheben, mit Gewürzen abschmecken und kalt werden lassen.

TIPP: *Dieser Aufstrich schmeckt gut zu gerösteten Brot und gegrilltem Fleisch.*

Grünes Pesto

Dieses grüne Pesto überrascht Sie mit einem Zusammenspiel von Basilikum, Petersilie und Zitronenmelisse sowie leckeren Cashewkernen.

ZUBEREITUNG: 10 MINUTEN
ERGIBT 4 PORTIONEN (BILD OBEN)

Zutaten

2–3 Knoblauchzehen
1 Bund Basilikum
1/2 Bund glatte Petersilie
2–3 Stängel Zitronenmelisse
125 ml Olivenöl
1 EL Zitronenöl
30 g Cashewkerne
40 g Parmesan
Salz
Zitronenpfeffer

Knoblauch abziehen. Kräuter waschen, trocken tupfen und mit Oliven-, Zitronenöl, Cashewkernen und Parmesan pürieren. Pesto mit Salz und Zitronenpfeffer pikant abschmecken.

Hirtencreme

Diese mediterrane Creme kombiniert Schafskäse mit frischen Kräutern auf eine besonders geschmackvolle Weise.

ZUBEREITUNG: 10 MINUTEN
ERGIBT 4 PORTIONEN (BILD UNTEN)

Zutaten

1 Knoblauchzehe
150 g Schafskäse
125 g Crème fraîche
4 EL gemischte, gehackte Kräuter
(z. B. Petersilie, Majoran)
Salz
Zitronenpfeffer
Zucker

Knoblauch abziehen und pressen. Schafskäse mit einer Gabel zerdrücken und mit Knoblauch, Crème fraîche und Kräutern vermischen. Mit Salz, Zitronenpfeffer und Zucker pikant abschmecken.

TIPP: *Dazu schmeckt geröstetes Brot. Einfach Brot mit Olivenöl bestreichen und im Ofen oder Toaster kurz anrösten.*

Gorgonzolasauce

ZUBEREITUNG: 20 MINUTEN
ERGIBT 4 PORTIONEN (BILD LINKS)

Zutaten

1 EL Olivenöl | 50 g gehackte Mandeln
250 ml Milch | 3 EL Weißwein
150 g Gorgonzola
2–3 Spritzer Worcestersauce
Salz | grober Pfeffer
3 EL Schnittlauchröllchen

Öl in einem Topf erhitzen und Mandeln darin goldbraun rösten. Milch mit Weißwein erhitzen. Gorgonzola in Stücke bröckeln und in der Milchmischung schmelzen. Sauce ca. 5 Minuten bei mittlerer Hitze einkochen lassen. Sauce mit Worcestersauce, Salz und Pfeffer abschmecken. Schnittlauchröllchen mit Mandeln unter die Sauce heben.

Sauce béarnaise

ZUBEREITUNG: 25 MINUTEN
ERGIBT 4 PORTIONEN (BILD RECHTS)

Zutaten

1 Schalotte
je 1 Stängel Thymian und Rosmarin
100 ml Walnussessig | 3–4 EL Wasser
125 g Butter | 4 Eigelb | Salz | Pfeffer
Zucker | 3 EL gehackter Kerbel

Schalotte abziehen und vierteln. Schalottenviertel, Thymian und Rosmarin mit Essig aufkochen und ca. 10 Minuten bei mittlerer Hitze einkochen lassen. Wasser zugeben. Durch ein Sieb in eine Metallschüssel seihen und in ein Wasserbad stellen. Butter in kleine Stücke schneiden, zugeben und schmelzen. Bei mittlerer Hitze Eigelbe unterschlagen, bis eine cremige Sauce entsteht. Mit Salz, Pfeffer und Zucker abschmecken. Kerbel unterrühren.

Tomatensauce

ZUBEREITUNG: 25 MINUTEN
ERGIBT 4 PORTIONEN (BILD LINKS)

Zutaten

750 g Tomaten | 1 Knoblauchzehe
2 EL Olivenöl | 1 EL Butter
2 EL Tomatenmark | 2 EL Tomatenketchup
2 EL Basilikum in Streifen | Salz
frisch gemahlener Pfeffer | brauner Zucker

Tomaten waschen, vierteln und entkernen. Knoblauch abziehen und fein hacken. Öl und Butter in einem Topf erhitzen und Knoblauch kurz darin anbraten. Tomatenviertel, Tomatenmark und Ketchup zum Knoblauch geben und ca. 10 Minuten bei mittlerer Hitze köcheln lassen. Tomatenmasse durch ein Sieb streichen. Basilikum unterheben und mit Salz, Pfeffer und Zucker pikant abschmecken und kurz erwärmen.

Currysauce

ZUBEREITUNG: 40 MINUTEN
ERGIBT 4 PORTIONEN (BILD RECHTS)

Zutaten

500 ml Gemüsebrühe | 1 Lorbeerblatt
1 TL Currypulver | 400 g Kartoffelwürfel
1 Apfel in Würfeln | 125 ml warme Milch
Salz | Zitronenpfeffer | 2 EL gehackte Zitronenmelisse | 4 EL Sahne

Brühe mit Lorbeerblatt, Currypulver und Kartoffelwürfeln zum Kochen bringen und ca. 15 Minuten garen. 5 Minuten vor Ende der Garzeit Apfelwürfel zugeben. Apfel- und Kartoffelwürfel abgießen. Brühe auffangen. Apfel- und Kartoffelwürfel zerstampfen. Milch und Brühe unterrühren, bis eine sämige Sauce entsteht. Mit Salz, Zitronenpfeffer und Currypulver abschmecken, mit Zitronenmelisse und Sahne verfeinern.

Kartoffeln & Pasta …

spielen in diesem Kapitel *die Hauptrolle.* Und diese feinen Kartoffel- und Nudelspezialitäten – ob Knödel, Maultaschen oder Aufläufe – haben durch ihre Liaison mit wohlschmeckenden Würzkräutern besonders *viel Applaus* verdient.

Kartoffel-Thymian-Pfanne

Dieses herzhafte Pfannengericht sorgt für mediterranen Hochgenuss.

ZUBEREITUNG: 35 MINUTEN
ERGIBT 4 PORTIONEN (BILD)

Zutaten

500 g Kartoffeln | 2 rote Zwiebeln
4 EL Pflanzenöl | Salz | Paprikapulver
4 Tomaten | 2 kleine Zucchini
50 g schwarze Oliven
2 EL gehackter Thymian
50 ml Gemüsebrühe | 100 g Fetakäse

Kartoffeln schälen und Zwiebeln abziehen. Kartoffeln in Würfel und Zwiebeln in Ringe schneiden. Pflanzenöl in einer Pfanne erhitzen, Kartoffelwürfel und Zwiebelringe zufügen, mit Salz und Paprika kräftig würzen und unter Rühren ca. 10 Minuten anbraten.

Tomaten und Zucchini waschen und Tomaten in Spalten schneiden. Zucchini längs halbieren und in Halbmonde schneiden. Oliven gut abtropfen lassen. Alles zur Kartoffelpfanne geben, gut vermengen und Thymian unterheben. Mit Gemüsebrühe ablöschen und weitere 5–10 Minuten garen.

Fetakäse zerkrümeln. Kartoffel-Thymian-Pfanne abschmecken und mit Fetakäse bestreut servieren.

DAZU SCHMECKT: *Ein würziger Knoblauch-Joghurt-Dip. Einfach 2 Knoblauchzehen abziehen, mit 250 g Joghurt, 100 g Quark und 2 Esslöffeln Olivenöl verrühren. Dip mit Salz und 1 Spritzer Zitronensaft abschmecken.*

Bauernpfanne mit Kräuterrührei

Der Klassiker lässt Herzen höher schlagen!

ZUBEREITUNG: 35 MINUTEN
ERGIBT 4 PORTIONEN

Zutaten

500 g Kartoffeln | 2 kleine Zwiebeln
100 g gewürfelter Schinkenspeck
2 EL Pflanzenöl
Salz, Pfeffer, Paprikapulver
4 Eier | 100 ml Milch
2 EL gehackte Petersilie
200 g Gewürzgurken

Kartoffeln schälen und Zwiebeln abziehen. Kartoffeln in dünne Scheiben und Zwiebeln in Ringe schneiden. Schinkenspeck in einer Pfanne auslassen, Zwiebelringe zufügen und unter Rühren 3–5 Minuten glasig anbraten.

Pflanzenöl und Kartoffelscheiben zufügen, mit Salz, Pfeffer und Paprika kräftig würzen und unter Rühren 10–15 Minuten anbraten.

Eier mit Milch und Petersilie verquirlen und mit Salz und Pfeffer würzen. Eier-Kräuter-Milch zur Kartoffelpfanne geben und stocken lassen. Gewürzgurken gut abtropfen lassen und in Scheiben schneiden. Bauernpfanne mit Gewürzgurken servieren.

WENN'S SCHNELL GEHEN SOLL:
Schwarzbrot mit Kräuterrührei – und so geht's: 4 Eier mit 100 ml Milch und 2 Esslöffeln gehackten Kräutern verquirlen, mit Salz und Pfeffer kräftig würzen. 2 Esslöffel Pflanzenöl in einer Pfanne erhitzen, Eiermilch zugeben und stocken lassen. Schwarzbrot mit Butter bestreichen und mit Salatblättern belegen. Kräuterrührei darauf anrichten und mit Gewürzgurken oder frischen Tomaten servieren.

Kartoffel-Gemüse-Topf

Der kunterbunte Gemüsetopf sorgt für vegetarischen Hochgenuss.

ZUBEREITUNG: 40 MINUTEN
ERGIBT 4 PORTIONEN

Zutaten

750 g festkochende Kartoffeln
1–2 Knoblauchzehen
2 mittelgroße rote Zwiebeln
je 1 rote, grüne und gelbe Paprika
1 Aubergine
2 EL Olivenöl
Kräutersalz
Pfeffer
1 TL Zucker
500 ml Gemüsebrühe
2–3 EL gehackter Majoran
2 EL gehackte Petersilie
2 EL gehackter Liebstöckel
2–3 EL Paprikamark
1 kleine rote Chilischote
1 Becher Schmand
1 EL Schnittlauchringe
Salz
Pfeffer

Kartoffeln schälen, Knoblauch und Zwiebeln abziehen. Paprika und Aubergine waschen und putzen. Kartoffeln und Aubergine in grobe Stücke und Paprika in Streifen schneiden.

Olivenöl erhitzen, Kartoffeln und Gemüse zufügen, mit Salz, Pfeffer und Zucker würzen und 3–5 Minuten anbraten. Mit Brühe ablöschen, Majoran, Petersilie, Liebstöckel und Paprikamark einrühren und ca. 15 Minuten garen.

Für das Topping Chilischote waschen, längs halbieren, entkernen und fein würfeln. Schmand mit Chiliwürfeln und Schnittlauch verrühren und mit Salz und Pfeffer abschmecken. Kartoffel-Gemüse-Topf abschmecken und mit Kräuter-Topping servieren.

▮ VARIANTE: ***Kartoffel-Kohl-Gulasch:*** *750 g Kartoffeln und 2 Zwiebeln würfeln. 1/2 Weißkohl in feine Streifen schneiden. 2 Esslöffel Speiseöl erhitzen, Zwiebel-, Kartoffelwürfel und 1 Teelöffel Kümmel zufügen, mit Salz und Pfeffer würzen und ca. 5 Minuten anbraten. Weißkohlstreifen zufügen, mit 250 ml Gemüsebrühe ablöschen und ca. 15 Minuten garen. Kartoffel-Kohl-Gulasch mit 2 Esslöffeln Tomatenmark andicken, mit 2 Esslöffeln gehacktem Estragon verfeinern und mit Salz und Pfeffer abschmecken. 4 Kochwürste zufügen und darin kurz erhitzen. Kartoffel-Kohl-Gulasch mit Bauernbrot und jeweils 1 Klecks Schmand servieren.*

Spätzle-Auflauf

Eine heiße Kombination: selbst gemachte Spätzle mit deftigen Zwiebelringen und aromatischen Kräutern unter einer knusprigen Käsehaube.

ZUBEREITUNG: 40 MINUTEN
ERGIBT 4 PORTIONEN

Zutaten

1/2 Bund glatte Petersilie
400 g Mehl
1/2 TL Salz
4 Eier
250 ml lauwarmes Wasser
2 Gemüsezwiebeln
5 EL Pflanzenöl
Pfeffer
125 g geriebener Gouda

Petersilie waschen, trocken tupfen und fein hacken. Für den Spätzleteig Mehl, Salz und Eier in einer Schüssel gut verrühren. Langsam Wasser einrühren, bis ein zäher Teig entsteht. Den Teig ca. 15 Minuten stehen lassen und nochmals kurz durchrühren. Eventuell noch etwas Wasser hinzugeben und gehackte Petersilie untermischen.

Zwei Liter Salzwasser zum Kochen bringen und eine große Schüssel kaltes Wasser bereitstellen. Den Teig portionsweise in den Spätzlehobel füllen und in kochendes Wasser drücken. Sobald die Spätzle oben schwimmen, mit einem Schaumlöffel abseihen und ins kalte Wasser geben. Das Wasser durch ein Sieb abgießen und die Spätzle gut abtropfen lassen.

Für den Auflauf Zwiebeln abziehen und in Ringe schneiden. Pflanzenöl in einer Pfanne erhitzen, Zwiebelringe hinzufügen und 5–8 Minuten darin anbraten. Mit Pfeffer würzen und abwechselnd mit fertigen Spätzle und Käse in eine Auflaufform schichten. Im vorgeheizten Backofen bei 200 Grad 20–25 Minuten backen.

▮ TIPP! *Dazu schmeckt ein frischer Tomatensalat. 500 g Tomaten waschen, putzen und in Scheiben schneiden. 2 kleine rote Zwiebeln abziehen und in feine Ringe schneiden. Tomatenscheiben und Zwiebelringe auf Tellern anrichten. Für das Dressing 100 ml Orangensaft mit 2 Esslöffeln Olivenöl, 4 Esslöffeln hellem Balsamicoessig und 2 Teelöffeln Honig verquirlen. 1 Esslöffel gehacktes Basilikum unterheben und mit Salz und Pfeffer abschmecken. Tomatensalat mit Dressing beträufeln und servieren.*

▮ WENN'S SCHNELL GEHEN SOLL:
Mit fertigen Spätzle aus dem Kühlregal ist der Auflauf im Handumdrehen fertig!

Kräutersüppchen

So schmeckt der Frühling!

ZUBEREITUNG: 35 MINUTEN
ERGIBT 4 PORTIONEN (BILD)

Zutaten

6 EL gehackte Kräuter
(z. B. Petersilie, Basilikum)
3 EL Olivenöl
Salz
1 rote Zwiebel
2 Knoblauchzehen
500 g mehligkochende Kartoffeln
2 EL Pflanzenöl
500 ml Gemüsebrühe
500 ml Milch
Salz
Pfeffer
1 EL Himbeeressig

Für das Kräuteröl: Zwei Esslöffel Kräuter mit Olivenöl fein pürieren und mit Salz abschmecken.

Zwiebel und Knoblauch abziehen und beides fein würfeln. Kartoffeln schälen und in Würfel schneiden. Pflanzenöl in einem Topf erhitzen, Zwiebelwürfel, Knoblauch und Kartoffeln darin ca. 5 Minuten anbraten. Mit Brühe und Milch ablöschen und 25–30 Minuten bei mittlerer Hitze garen. Suppe pürieren und mit Salz, Pfeffer und Himbeeressig abschmecken. Restliche Kräuter unterrühren, auf Tellern verteilen und mit Kräuteröl garniert servieren.

Kräuter- und Chilicroûtons

Die knusprig-würzigen Minis verfeinern Suppen und Salate im Handumdrehen und sorgen für den besonderen Biss.

ZUBEREITUNG: 15 MINUTEN
ERGIBT 4 PORTIONEN

Zutaten

Für die Kräutercroûtons

3 Scheiben Toastbrot
2 EL Butter
Kräutersalz
2 EL gehackter Majoran

Für die Chilicroûtons

1 kleine rote Chilischote
2 EL weiche Butter
Salz
2 Scheiben Toastbrot
1 EL gehackter Koriander

Für Kräutercroûtons: Toastbrot entrinden und in Würfel schneiden. Butter in einer Pfanne erhitzen, Toastwürfel zufügen, mit Kräutersalz würzen, mit Majoran bestreuen und 3–5 Minuten knusprig rösten.

Für Chilicroûtons: Chilischote waschen, längs halbieren, entkernen und fein hacken. Chiliwürfel mit Butter verrühren und salzen. Toastbrot mit der Chilibutter bestreichen und mit Koriander bestreuen. Brot in Würfel schneiden und in einer Pfanne von allen Seiten knusprig rösten.

VARIANTE: *Schwarzbrotcroûtons: 1 Knoblauchzehe abziehen und fein hacken. 2 Scheiben Schwarzbrot in Würfel schneiden. 2 Esslöffel Olivenöl in einer Pfanne erhitzen, Knoblauch und Schwarzbrotwürfel zufügen und unter Rühren anbraten. Mit 1 Esslöffel gehackter Petersilie bestreuen und mit 1 Teelöffel Honig beträufeln.*

Kräuter-Herzoginkartoffeln

ZUBEREITUNG: 50 MINUTEN
ERGIBT 4 PORTIONEN (BILD LINKS)

Zutaten

600 g mehligkochende Kartoffeln | Salz
2 Eier | 20 g Butter | 1 Prise Muskatnuss
150 ml Milch | 3 EL fein gehackter Oregano

Kartoffeln schälen, grob würfeln, in Salzwasser ca. 15 Minuten garen, abgießen, heiß durch die Kartoffelpresse drücken und auskühlen lassen. Restliche Zutaten zugeben, glatt rühren und abschmecken. Masse in einen Spritzbeutel mit großer Tülle füllen und kleine Röschen auf ein mit Backpapier ausgelegtes Backblech spritzen. Im vorgeheizten Backofen bei 200 Grad auf mittlerer Schiene ca. 15 Minuten goldbraun backen.

ZUBEREITUNGSTIPP: *Die Kräuter-Herzoginkartoffeln werden besonders knusprig, wenn sie 5 Minuten vor Ende der Garzeit mit verquirltem Eigelb bestrichen werden.*

Kräuterknödel

ZUBEREITUNG: 50 MINUTEN
ERGIBT 4 PORTIONEN (BILD LINKS)

Zutaten

1 Bund glatte Petersilie
500 g mehligkochende Kartoffeln | Salz
150 g Mehl | 2 Eier

Petersilie waschen, trocken tupfen und fein hacken. Kartoffeln waschen und mit Schale in Salzwasser 15–20 Minuten garen. Kartoffeln abgießen, pellen, heiß durch die Kartoffelpresse drücken und auskühlen lassen. Mehl, Eier, Petersilie und 1/2 Teelöffel Salz zufügen und zu einem glatten Teig verrühren. Zu acht Klößen formen, in kochendes Salzwasser geben und ca. 10 Minuten ziehen lassen. Knödel herausnehmen und gut abtropfen lassen.

Kräuterpüree

ZUBEREITUNG: 35 MINUTEN
ERGIBT 4 PORTIONEN (BILD RECHTS)

Zutaten

500 g mehligkochende Kartoffeln | Salz
20 g Butter | 250 ml heiße Milch
3 EL fein gehackte, gemischte Kräuter

Kartoffeln schälen, grob würfeln und in Salzwasser ca. 15 Minuten garen. Kartoffeln abgießen und heiß durch die Kartoffelpresse in eine Schüssel drücken. Mit Butter und Milch glatt rühren und Kräuter unterheben. Kräuterpüree abschmecken und servieren.

Kräuterkroketten

ZUBEREITUNG: 50 MINUTEN
ERGIBT 4 PORTIONEN (BILD RECHTS)

Zutaten

400 g mehligkochende Kartoffeln | Salz
125 ml heiße Milch | 10 g Butter | 1 Eigelb
1 EL gehackte Petersilie
geriebene Muskatnuss | 150 g Mehl
1 Ei | 6–8 EL Paniermehl

Kartoffeln schälen, grob würfeln und in Salzwasser ca. 15 Minuten garen. Kartoffeln abgießen und heiß durch die Kartoffelpresse drücken. Milch nach und nach unterrühren. Butter zugeben und Masse locker schlagen. Eigelb und Petersilie unterheben und mit Salz und Muskatnuss würzen. So viel Mehl unterschlagen, dass sich die Masse formen lässt. Mit bemehlten Händen dicke Rollen formen und diese in ca. 3 Zentimeter lange Stücke schneiden. Ei verquirlen. Kroketten nacheinander in verquirltem Ei und Paniermehl wenden. Kroketten in der Fritteuse 2–3 Minuten frittieren. Herausnehmen, auf einem Küchentuch gut abtropfen lassen und servieren.

Rosmarinkartoffeln

Die Rosmarinkartoffeln vom Blech lassen sich ideal vorbereiten und gelingen immer! Ein echter Klassiker, der auf keiner Party fehlen darf!

ZUBEREITUNG: 30 MINUTEN
ERGIBT 4 PORTIONEN

Zutaten

1 kg neue Kartoffeln
4 EL Olivenöl
grobes Meersalz
4–6 Stängel Rosmarin
2 Knoblauchzehen
1 unbehandelte Limette
200 g leichte Mayonnaise
1/2 TL Paprikapulver
Salz

Kartoffeln gründlich waschen und mit Schale halbieren. Backblech mit Olivenöl beträufeln und mit Salz bestreuen. Kartoffeln mit der Schnittfläche nach unten auf das Blech setzen. Rosmarin waschen, trocken tupfen, grob hacken und Kartoffeln damit bestreuen. Im vorgeheizten Backofen bei 200 Grad 20–25 Minuten backen.

Für die Limetten-Aioli Knoblauchzehen abziehen und zerdrücken. Limette abwaschen, etwas Limettenschale abreiben, Limette halbieren und auspressen. Mayonnaise mit Limettenschale, 2 Teelöffeln Limettensaft und Paprikapulver verrühren und mit Salz abschmecken. Rosmarinkartoffeln mit Limetten-Aioli servieren.

Kräuterkartoffeln aus der Pfanne

Kartoffeln aus der Pfanne, auf mediterrane Art und Weise. Mit gesundem Olivenöl und aromatischem Zitronenthymian. Das schmeckt nach Urlaub!

ZUBEREITUNG: 20 MINUTEN
ERGIBT 4 PORTIONEN (BILD)

Zutaten

1 kg kleine Kartoffeln
Salz
1 Lorbeerblatt
1 EL schwarze Pfefferkörner
3–4 Knoblauchzehen
4 EL Olivenöl
1 EL gehackter Zitronenthymian
grobes Meersalz
grober Pfeffer

Kartoffeln gründlich waschen und mit Schale in Salzwasser mit Lorbeerblatt und Pfefferkörnern 12–15 Minuten garen. Gut abtropfen lassen. Knoblauchzehen abziehen und halbieren. Olivenöl in einer Pfanne erhitzen und Knoblauchhälften kurz anbraten. Kartoffeln zugeben und unter Rühren knusprig braten. Mit Zitronenthymian, Meersalz und Pfeffer abschmecken.

WENN'S SCHNELL GEHEN SOLL!

Einfach die Kartoffeln vierteln und ohne Vorkochen in der Pfanne zubereiten. Und so funktioniert's: 1 kg kleine Kartoffeln gründlich waschen und mit Schale in Viertel schneiden. 4 Esslöffel Olivenöl in einer tiefen Pfanne erhitzen, Kartoffelviertel, Zitronenthymian und 3 Knoblauchzehen zufügen. Mit Salz und Pfeffer würzen und unter Rühren ca. 10 Minuten anbraten.

Spaghetti aglio e oregano

Der Klassiker Spaghetti aglio & olio erhält durch das intensive Oregano-Aroma eine ganz besondere Note.

ZUBEREITUNG: 35 MINUTEN
ERGIBT 4 PORTIONEN (BILD)

Zutaten

500 g Spaghetti
Salz
1 kleine frische Knolle Knoblauch
1 rote Paprikaschote
1 kleine rote Chilischote
5 EL Olivenöl
Pfeffer
1 TL Zucker
1/2 Bund Oregano
100 g frisch geriebener Parmesan

Spaghetti nach Packungsanleitung in Salzwasser al dente kochen. Knoblauchzehen abziehen und fein hacken. Stiel der Knoblauchknolle in feine Ringe schneiden. Paprika waschen, putzen und in Würfel schneiden. Chilischote waschen, längs halbieren, entkernen und fein hacken.

3 Esslöffel Olivenöl in einer Pfanne erhitzen, vorbereiteten Knoblauch und Chiliwürfel zufügen und 2–3 Minuten glasig anbraten. Paprikawürfel zufügen, mit Salz, Pfeffer und Zucker würzen und ca. 3 Minuten andünsten.

Oregano waschen, trocken tupfen und fein hacken. Restliches Olivenöl und Oregano dem Pfanneninhalt zufügen. Spaghetti abgießen, gut abtropfen lassen und mit der Sauce gut vermischen. Abschmecken und mit Parmesan bestreut servieren.

Kräuterpenne mit scharfer Tomatencreme

Kräuterpenne mit aromatischer Tomatencreme und besonderem Schärfekick.

ZUBEREITUNG: 25 MINUTEN
ERGIBT 4 PORTIONEN

Zutaten

500 g Penne
Salz
1 rote Chilischote
1 Zwiebel
2 EL Olivenöl
400 ml passierte Tomaten
Paprikapulver
1 Prise Zucker
2 EL Butter
2 EL gehackte Petersilie
2 EL Paniermehl
200 g Frischkäse

Penne nach Packungsanleitung in Salzwasser al dente kochen. Chilischote waschen, längs halbieren und entkernen. Zwiebel abziehen und beides fein würfeln.

Olivenöl in einem Topf erhitzen, Chili- und Zwiebelwürfel zufügen und 2–3 Minuten glasig anbraten. Mit passierten Tomaten ablöschen und mit Salz, Paprika und Zucker abschmecken. Sauce ca. 5 Minuten garen.

Nudeln abgießen und gut abtropfen lassen. Butter in dem Nudelkochtopf erhitzen und Penne darin schwenken. Mit Petersilie und Paniermehl bestreuen und alles gut vermengen. Tomatensauce mit Frischkäse verfeinern und abschmecken. Kräuterpenne mit Tomatencreme servieren.

Cannelloni mit Kräuter-Frischkäse-Füllung

Cannelloni mal anders – mit frischen Kräutern und knackigen Sonnenblumenkernen.

ZUBEREITUNG: 80 MINUTEN
ERGIBT 2–4 PORTIONEN

Zutaten

1/2 Bund Basilikum
100 g Rucola
4 EL Sonnenblumenkerne
400 g Kräuterfrischkäse
1 Ei
Bärlauchsalz
Knoblauchpfeffer
12 Cannelloni
2 EL Butter für die Form
40 g Butter
40 g Mehl
750 ml Milch
Salz
125 g geriebener Käse

Basilikum und Rucola waschen, trocken tupfen und fein hacken. Sonnenblumenkerne fettfrei in einer Pfanne goldbraun rösten. Kräuterfrischkäse mit Ei sowie jeweils 3 Esslöffeln Sonnenblumenkernen, Basilikum und Rucola mischen. Mit Bärlauchsalz und Knoblauchpfeffer würzen und die Masse in die Cannelloni füllen. Auflaufform mit Butter einfetten und die Cannelloni hineinlegen.

Für die Béchamelsauce Butter in einem Topf schmelzen und mit Mehl bestäuben, mit Milch ablöschen und kurz aufkochen. Mit Knoblauchpfeffer und Salz abschmecken.

Cannelloni mit Käse bestreuen und die Béchamelsauce darübergießen. Cannelloni im vorgeheizten Backofen bei 180 Grad 40–45 Minuten garen. Mit restlichen Kräutern und Sonnenblumenkernen garniert servieren.

VARIANTE: *Anstatt Béchamelsauce schmeckt auch eine pikante Tomatensauce zu den Cannelloni. Dazu 2 Zwiebeln und 1 Knoblauchzehe abziehen und in kleine Würfel schneiden. 2 Esslöffel Pflanzenöl in einer Pfanne erhitzen, Zwiebel- und Knoblauchwürfel darin kurz anbraten. 6 Tomaten würfeln , hinzugeben und andünsten. Mit einer Prise Chili, Pfeffer, Salz und Kräutern abschmecken.*

Maultaschen

Die schwäbische Nudelspezialität wird hier ganz klassisch mit Fleischmasse gefüllt und mit viel frischem Basilikum verfeinert.

ZUBEREITUNG: 60 MINUTEN
ERGIBT 4 PORTIONEN

Zutaten

350 g Hackfleisch
2 EL Paniermehl
1 Ei
1 Zwiebel
1 Fleischtomate
1 Bund Basilikum
Kräutersalz
Pfeffer
1/4 TL Chilipulver
1 Packung fertiger Nudelteig
1 Eiweiß
2 EL Pflanzenöl

Hackfleisch mit Paniermehl und Ei vermischen. Zwiebel abziehen und fein würfeln. Tomate vierteln, entkernen und ebenfalls in feine Würfel schneiden. Basilikum waschen, trocken tupfen, einige Basilikumblättchen zur Seite legen und restlichen Basilikum fein hacken. Alles vorsichtig verkneten und die Masse mit Kräutersalz, Pfeffer und Chillipulver abschmecken.

Nudelteig auf einer Küchenplatte ausrollen. Auf die Hälfte der Platte in regelmäßigen Abständen eine Portion Fleischmasse geben. Die Zwischenräume mit Eiweiß bestreichen und die zweite Nudelteigseite darüber legen. Mit einem Teigrad ca. zwölf Maultaschen ausschneiden und diese in kochendes Salzwasser gleiten lassen. Sobald die Maultaschen oben schwimmen, mit einem Schaumlöffel herausnehmen und gut abtropfen lassen.

Pflanzenöl in einer großen Pfanne erhitzen und die Maultaschen darin goldbraun braten. Die Maultaschen mit Basilikum garniert servieren.

TIPP: *Nach Wunsch in dem Bratfond Tomatenwürfel schmelzen, mit Brühe ablöschen, abschmecken und zu den Maultaschen servieren.*

Bavette mit Kräuterseitlingen

Die Kräuterseitlinge geben den italienischen Bandnudeln einen edlen und aromatischen Geschmack.

ZUBEREITUNG: 25 MINUTEN
ERGIBT 4 PORTIONEN

Zutaten

400 g Nudeln (z.B. Bavette)
Salz
400 g Kräuterseitlinge
150 g Butter
12 Salbeiblätter
Kräutersalz
Pfeffer
1 Prise Zucker
2 EL Pinienkerne

Nudeln in reichlich Salzwasser al dente kochen. Kräuterseitlinge putzen und eventuell halbieren. 2 Esslöffel Butter in einer Pfanne erhitzen und Kräuterseitlinge vorsichtig von allen Seiten darin anbraten. Salbeiblätter waschen, trocken tupfen, zufügen und mit Kräutersalz, Pfeffer und Zucker würzen.

Nudeln abgießen, gut abtropfen lassen und mit der Pilzmischung vermengen. Restliche Butter in einer Pfanne schmelzen. Nudeln kräftig abschmecken, mit heißer Butter und nach Wunsch mit Pinienkernen bestreut servieren.

WUSSTEN SIE SCHON: ***Kräuterseitling:***

Der Kräuterseitling ist eine Pilzart aus der Gattung der Seitlinge. Zu der Familie der Seitlingartigen gehören ungefähr 30 Arten, von denen die bekanntesten der Kräuter- und der Austernseitling sind.
Kräuterseitlinge sind ca. 5–10 Zentimeter groß, creme farben bis weiß mit einem graubraunen pelzigen Hut. Seine natürliche Verbreitung reicht von Süd- und Mitteleuropa bis Nordafrika, Zentralasien und Südrussland. Sie können auch einzeln kultiviert wachsen, die Kultivierung ist allerdings etwas schwieriger als beim Austernseitling.
Kräuterseitlinge haben ein würziges, an Steinpilze erinnerndes Aroma. Ihr Fleisch ist zart und bleibt auch beim Kochen bissfest. In der Küche kann der Seitling vollständig, mit Hut und Stiel, verwendet werden. Besonders gut eignet er sich für Suppen, Antipasti, Fleisch- und Wild- sowie Reis- und Nudelgerichte. Aufgrund seiner geschmacklichen Ähnlichkeit zum Steinpilz kann er anstelle von Steinpilzen verwendet werden. Frische Kräuterseitlinge lassen sich in einem feuchten Küchentuch im Kühlschrank für kurze Zeit oder in der Gefriertruhe lagern.

Rigatoni mit Tomaten-Kräuter-Sauce

Die Sauce ist im Handumdrehen zubereitet und schmeckt einfach super!

ZUBEREITUNG: 30 MINUTEN
ERGIBT 4 PORTIONEN

Zutaten

400 g Rigatoni
Salz
4 Schalotten
2–3 Knoblauchzehen
1 große Dose geschälte Tomaten (480 g Abtropfgewicht)
2–3 Stängel Rosmarin
2 EL Olivenöl
Pfeffer
1 TL Zucker
1 Bund Basilikum
3 EL gehackte Macadamianüsse

Rigatoni nach Packungsanleitung in Salzwasser al dente kochen. Schalotten und Knoblauch abziehen und in feine Würfel schneiden. Tomaten abtropfen lassen, Saft auffangen und Tomaten grob hacken. Rosmarin waschen, trocken tupfen und grob hacken.

Olivenöl in einer Pfanne erhitzen, Schalotten- und Knoblauchwürfel mit Rosmarin darin 3–4 Minuten andünsten. Tomatenwürfel und -saft zufügen, mit Salz, Pfeffer und Zucker würzen und ca. 10 Minuten garen.

Basilikum waschen trocken tupfen, in Streifen schneiden und unterheben. Rigatoni abgießen, gut abtropfen lassen und mit der Sauce vermischen. Nudeln abschmecken und mit Macadamianüssen bestreut servieren.

▮ VORRATSTIPP: *Für einen Tomatensugo 1 kg Tomaten kreuzweise einritzen, kurz im kochendem Wasser blanchieren, häuten, vierteln und würfeln. 4 Schalotten und 2 Knoblauchzehen abziehen und fein würfeln. 1 rote Chilischote waschen, längs halbieren, entkernen und fein würfeln. 3 Esslöffel Olivenöl in einem Topf erhitzen und Schalotten- , Knoblauch-, und Chiliwürfel ca. 3 Minuten anbraten. Tomaten und 1 Esslöffel Tomatenmark zugeben und kurz anrösten. Mit 500 ml Gemüsefond und 200 ml Tomatensaft ablöschen. Je 1/2 Bund Zitronenthymian, Oregano, Rosmarin und Basilikum waschen, trocken tupfen und zum Tomatensugo geben. Mit 2 Prisen Zucker und 2 Esslöffeln Balsamicoessig würzen und ca. 50 Minuten offen bei mittlerer Hitze einkochen lassen. Kräuter aus dem Tomatensugo entfernen, mit Salz, Pfeffer und Zucker abschmecken und in heiß ausgespülte Gläser füllen. Der Tomatensugo hält sich gekühlt ca. 3–4 Wochen.*

Kartoffeln mit Petersilien-Senf-Sauce

Schnell, lecker und immer wieder gut.

ZUBEREITUNG: 25 MINUTEN
ERGIBT 4 PORTIONEN (BILD)

Zutaten

1 kg kleine Kartoffeln (Drillinge)
Salz
1 Lorbeerblatt
1 Bund Petersilie
4 EL Butter
4 EL Mehl
250 ml Milch
250 ml Kartoffelkochwasser
3 EL mittelscharfer Senf
1 TL Gemüsebrühe (Instant)
Kräutersalz
2–3 Spritzer Worchestersauce
1 EL Honig

Kartoffeln waschen und mit Schale in Salzwasser mit Lorbeerblatt 15–20 Minuten kochen. Petersilie waschen, trocken tupfen und fein hacken. Kartoffeln abgießen, Kochwasser auffangen und Kartoffeln warm stellen.

Butter in einem Topf schmelzen, mit Mehl bestäuben und anschwitzen. Mit Milch und Kochwasser ablöschen, Sauce glatt rühren und kurz aufkochen. Petersilie, Senf und Brühe unterrühren und mit Kräutersalz, Worchestersauce und Honig abschmecken. Kartoffeln pellen und mit Petersilien-Senf-Sauce servieren.

Grüne Sauce

Grün, soweit das Auge reicht.

ZUBEREITUNG: 45 MINUTEN
ERGIBT 4 PORTIONEN

Zutaten

1 kg Kartoffeln
Salz
2 Eier
1 Beet Kresse
1/2 Bund glatte Petersilie
1/2 Bund Kerbel
1/2 Bund Schnittlauch
1/2 Bund Zitronenmelisse
150 g griechischer Joghurt
150 g Magermilchjoghurt
100 g Schmand
1 TL Senf
Pfeffer
1 Prise Zucker
1 EL Weißweinessig

Kartoffeln waschen und mit Schale in Salzwasser 20–25 Minuten garen. Eier in Wasser ca. 8 Minuten hart kochen, abkühlen lassen und pellen. Kresse vom Beet schneiden. Restliche Kräuter waschen und trocken tupfen. Kräuter mit Joghurt, Schmand und Senf fein pürieren. Mit Salz, Pfeffer, Zucker und Weißweinessig abschmecken. Eier fein hacken und unter die Sauce heben. Kartoffeln pellen und mit Grüner Sauce servieren.

Gemüse & Salate ...

sind *die Stars der modernen Küche!* Frische aromatische Gemüsesorten aus aller Herren Länder und knackige Salate, abwechslungsreich mit würzig duftenden Kräutern zubereitet, verblüffen auch den verwöhnten *Feinschmecker*.

Frühlingsgemüse im Papier gegart

Ein tolles Frühlingsgericht und ein optisches Highlight zugleich.

ZUBEREITUNG: 40 MINUTEN
ERGIBT 4 PORTIONEN

Zutaten

300 g weißer Spargel
300 g grüner Spargel
grobes Salz
150 g Zuckerschoten
1 Bund kleine Möhren
1 Bund Frühlingszwiebeln
Pfeffer
4 Stängel Majoran
4 kleine Stängel Rosmarin
2 EL Butter
2 EL Walnussöl
4 große Stücke Backpapier
Küchengarn

Spargel waschen und die holzigen Enden abschneiden. Den weißen Spargel ganz und den grünen Spargel am unteren Ende schälen und schräg in grobe Stücke schneiden. Spargel in kochendem Salzwasser 2–3 Minuten blanchieren und gut abtropfen lassen.

Zuckerschoten waschen, putzen und eventuell die Enden abschneiden. Das Grün der Möhren bis auf 2 Zentimeter abschneiden und schälen. Frühlingszwiebeln waschen, putzen und in schräge Stücke schneiden.

Das Gemüse vermischen und gleichmäßig auf die vier Stücke Backpapier verteilen und mit Salz und Pfeffer würzen. Kräuter waschen, trocken tupfen und die Blätter von den Stängeln zupfen, Butter und Öl auf das Gemüse geben und mit Kräutern bestreuen. Das Backpapier an beiden Seiten mit Küchengarn zusammenbinden. Im vorgeheizten Backofen bei 180 Grad 20–25 Minuten garen und heiß im Backpapier auf Tellern oder Brettchen servieren.

TIPP: *Dazu schmeckt eine Basilikumcreme: Für die Creme 1 Bund Basilikum mit 50 ml Olivenöl und 1 Knoblauchzehe pürieren und mit Salz, Pfeffer, Zucker abschmecken.*

Kirschtomaten-Basilikum-Quiche

Ein italienischer Hochgenuss mit frischen Tomaten, Basilikum und Pinienkernen, umhüllt von Mascarpone.

ZUBEREITUNG: 45 MINUTEN
ERGIBT 12 STÜCKE

Zutaten

1 Packung Blätterteig (Fertigprodukt)
1 EL Olivenöl
250 g Mascarpone
200 g Frischkäse
3 EL Milch
3 Eier
1 TL körniger Senf
Kräutersalz
Knoblauchpfeffer
200 g Kirschtomaten
1/4 Bund Basilikum
2 EL Pinienkerne
1 Eigelb
1 TL Milch

Blätterteig auseinanderrollen und diagonal durchschneiden. Eine Quicheform (28–30 cm Durchmesser) mit Olivenöl ausstreichen und die Teigstücke hineinlegen und über den Rand ziehen. Mascarpone, Frischkäse, Milch, Eier und Senf zu einer glatten Creme verrühren. Creme mit Salz und Pfeffer abschmecken und in die Form gießen.

Kirschtomaten waschen, gut abtrocknen und auf der Creme verteilen. Basilikum waschen, Blätter abzupfen und trocken tupfen. 2/3 der Basilikumblätter und Pinienkerne auf der Creme verteilen und Quiche im vorgeheizten Backofen bei 180 Grad 30–35 Minuten backen.

Eigelb mit Milch verquirlen und 10 Minuten vor Ende der Backzeit auf den Rand streichen. Die fertige Quiche mit restlichen Basilikumblättern bestreuen und warm servieren.

Majoranzucchini

ZUBEREITUNG: 40 MINUTEN
MARINIERZEIT: 20 MINUTEN
ERGIBT 4 PORTIONEN (BILD LINKS)

Zutaten

2 große Zucchini | 1 kleine rote Peperoni
3–4 Stängel Majoran | 1 TL Kürbiskernöl
2 EL Sonnenblumenöl | Gewürzsalz

Zucchini waschen, putzen und in Scheiben schneiden. Peperoni waschen, entkernen und in feine Würfel schneiden. Majoran waschen, trocken tupfen und grob hacken. Zucchinischeiben, Peperoniwürfel und Majoran mit Ölen und Salz vermischen und ca. 20 Minuten ziehen lassen. Marinierte Zucchini auf ein Blech geben und im vorgeheizten Backofen bei 180 Grad 20–25 Minuten garen.

Koriandermöhren

ZUBEREITUNG: 40 MINUTEN
MARINIERZEIT: 30 MINUTEN
ERGIBT 4 PORTIONEN (BILD LINKS)

Zutaten

4 große Möhren | 1 kleines Stück Ingwer
1 getrocknete Chilischote
4 Stängel Koriander | 3 EL Rapsöl
1/2 TL Salz | 1 EL Honig

Möhren schälen und in Stifte schneiden. Ingwer schälen und fein würfeln. Chilischote zerdrücken. Koriander waschen, trocken tupfen und grob hacken. Möhrenstifte, Ingwerwürfel, Chilischote und Koriander mit Öl, Salz und Honig mischen und ca. 30 Minuten ziehen lassen. Marinierte Möhren auf ein Blech geben und im vorgeheizten Backofen bei 180 Grad 20–25 Minuten garen.

Salbeiartischocken

ZUBEREITUNG: 40 MINUTEN
MARINIERZEIT: 20 MINUTEN
ERGIBT 4 PORTIONEN (BILD RECHTS)

Zutaten

2 Dosen Artischockenherzen | 1 Zitrone
6 Salbeiblätter | grobes Salz
Zitronenpfeffer | 3 EL Walnussöl
1 EL rote Pfefferbeeren

Artischockenherzen gut abtropfen lassen und eventuell halbieren. Zitrone waschen, halbieren, zwei Scheiben abschneiden und vierteln. Restliche Zitrone auspressen. Salbei waschen, trocken tupfen und in Streifen schneiden. Artischockenherzen, Zitronensaft, Zitronenstücke und Salbeistreifen mit Salz, Pfeffer, Öl und Pfefferbeeren mischen und ca. 20 Minuten ziehen lassen. Marinierte Artischocken auf ein Blech geben und im vorgeheizten Backofen bei 180 Grad 20–25 Minuten garen.

Rosmarinpaprika

ZUBEREITUNG: 40 MINUTEN
MARINIERZEIT: 30 MINUTEN
ERGIBT 4 PORTIONEN (BILD RECHTS)

Zutaten

2 rote Paprika | 2 gelbe Paprika
2 Stängel Rosmarin | 2 Knoblauchzehen
3 EL Olivenöl | 2 EL brauner Zucker
Salz | Knoblauchpfeffer

Paprika waschen, vierteln, entkernen und in grobe Streifen schneiden. Rosmarin waschen, trocken tupfen und Nadeln abzupfen. Knoblauch abziehen und fein würfeln. Paprikastreifen, Rosmarinnadeln und Knoblauchwürfel mit Öl und Zucker mischen, mit Salz und Pfeffer würzen und ca. 30 Minuten ziehen lassen. Marinierte Paprika auf ein Blech geben und im vorgeheizten Backofen bei 180 Grad 20–25 Minuten garen.

Spinatsalat mit Asiadressing

Das Thaibasilikum gibt dem frischen Spinatsalat mit knusprigem Bacon eine exotische Note.

ZUBEREITUNG: 30 MINUTEN
ERGIBT 4 PORTIONEN

Zutaten

800 g frischer Spinat
(am besten kleine Blätter)
150 g frische Champignons
2 Knoblauchzehen
125 g Bacon
1 EL Butter
2 EL Sesamöl
100 g Sahne
125 ml Brühe
1/4 Bund Thaibasilikum
Salz
Pfeffer

Spinat waschen und gut trocken schütteln. Champignons putzen und in Scheiben schneiden. Knoblauch abziehen und zerdrücken. Bacon in Streifen schneiden und in einer heißen Pfanne knusprig braten, herausnehmen und zur Seite stellen. Butter und Sesamöl in die Pfanne geben, Champignons sowie Knoblauch zugeben und kurz braten.

Champignons herausnehmen und zur Seite stellen. Bratensud mit Sahne und Brühe ablöschen und etwas einkochen lassen. Thaibasilikum waschen, tocken tupfen und fein hacken. Bratensud mit den Gewürzen pikant abschmecken und die Hälfte des Thaibasilikums zugeben.

Spinat mit Speckstreifen, Champignons und restlichem Thaibasilikum auf vier Tellern anrichten und mit dem Dressing servieren.

▌TIPP: *Dazu schmecken panierte Toaststücke. Für die Toaststücke 2 Eier mit 5 Esslöffeln geriebenem Parmesan und Pfeffer verquirlen. Toastecken darin wenden und mit Olivenöl in einer Pfanne ausbacken und zum Salat servieren.*

▌WUSSTEN SIE SCHON: *Thaibasilikum ist ein unverzichtbarer Bestandteil der thailändischen und auch vietnamesischen Küche.*

Der charakteristische Geschmack, der an Anis, Minze und Lakritze erinnert, ist Bestandteil jedes Thai-Currys. In Vietnam wird Thaibasilikum u. a. mit anderen frischen asiatischen Kräutern in einem Korb zu Suppen, Frühlingsrollen und Fleischgerichten zum Verfeinern gereicht.

Die Blätter des Thaibasilikums sehen denen des Basilikums ähnlich, sind aber etwas fester. Typisch für das Thaibasilikum sind auch die dunkelroten Stängel. Sie bekommen das Kraut in jedem Asiamarkt oder in gut sortierten Gemüseläden.

Kohlrabicarpaccio

Ein vegetarisches Carpaccio mit knackigen Nüssen, zum Anbeißen gut!

ZUBEREITUNG: 25 MINUTEN
MARINIERZEIT: 60 MINUTEN
ERGIBT 4 PORTIONEN (BILD)

Zutaten

4 kleine Kohlrabi
1 TL Kräutersalz
4 EL Olivenöl
1 EL Zitronenöl
2 EL dunkler Balsamicoessig
Pfeffer
1 EL Zucker
1 Beet Kresse
4 EL gehackte, geröstete Cashewnüsse

Kohlrabi schälen und auf einer Brotschneidemaschine in hauchdünne Scheiben schneiden. Kohlrabischeiben in eine große Schüssel geben und mit Salz bestreuen und 1/2 Stunde ziehen lassen. Kohlrabi etwas ausdrücken und die entstandene Flüssigkeit abtropfen lassen.

Kohlrabischeiben auf großen Tellern anrichten. Oliven- und Zitronenöl mit Balsamicoessig verrühren und mit Salz, Pfeffer und Zucker abschmecken. Kresse vom Beet schneiden. Kohlrabicarpaccio mit Dressing beträufeln, mit Cashewnüssen und Kresse bestreuen. Nochmals 20–30 Minuten durchziehen lassen. Mit frisch geröstetem Brot als Snack oder als erfrischende Hauptspeise servieren.

Bohnensalat mit Estragon

Klassisch und für jede Gelegenheit die richtige Wahl.

ZUBEREITUNG: 35 MINUTEN
ERGIBT 4 PORTIONEN

Zutaten

600 g grüne Bohnen
Olivenöl
Salz
Pfeffer
3 hart gekochte Eier
1/2 Bund Estragon
1 Becher Schmand
1 TL Senf
Schale von 1/2 Zitrone
Zucker
1 Baguette

Bohnen putzen, die Enden abschneiden, halbieren und in Salzwasser ca. 15–20 Minuten garen, abgießen, mit Olivenöl beträufeln und mit Salz und Pfeffer würzen. Hart gekochte Eier fein hacken. Estragon waschen, trocken tupfen und fein hacken. Schmand mit Senf, Zitronenschale und Estragon verrühren und mit Salz, Pfeffer und Zucker abschmecken.

Bohnen auf einem Teller anrichten, mit Estragonsauce und gehacktem Ei garnieren. Bohnensalat mit Estragon und Baguette servieren.

Tomaten-Basilikum-Süppchen

ZUBEREITUNG: 20 MINUTEN
ERGIBT 4 PORTIONEN (BILD LINKS)

Zutaten

1 große Dose geschälte Tomaten
(400 g Abtropfgewicht)
400 ml Gemüsebrühe | Salz | Pfeffer
Zucker | 1–2 Knoblauchzehen
1/4 Bund Basilikum | 4 EL Crème fraîche

Tomaten mit Brühe in einen Topf geben und pürieren. Das Püree 5–10 Minuten erhitzen und mit Salz, Pfeffer und Zucker pikant abschmecken. Knoblauch abziehen und zerdrücken. Basilikum waschen, trocken tupfen und fein hacken. Suppe mit Knoblauch und Basilikum verfeinern und mit je 1 Esslöffel Crème fraîche servieren.

Spargel-Kerbel-Süppchen

ZUBEREITUNG: 20 MINUTEN
ERGIBT 4 PORTIONEN (BILD LINKS)

Zutaten

1/2 Bund Kerbel
60 g gehobelte Mandeln
1 Dose Spargel (560 g Abtropfgewicht)
500 ml Milch | 125 g Sahne
3 Spritzer Worcestersauce
1–2 TL Salz | 1–2 TL Honig

Kerbel waschen, trocken tupfen und fein hacken. Vier Spargelstangen in Stücke schneiden und mit 1 Teelöffel Mandeln beiseitestellen. Restliche Zutaten in einen Topf geben, 5–10 Minuten erhitzen, pürieren und abschmecken. Kerbel unterheben, mit restlichen Mandeln und Spargel servieren.

Erbsen-Minz-Süppchen

ZUBEREITUNG: 20 MINUTEN
ERGIBT 4 PORTIONEN (BILD RECHTS)

Zutaten

2 kleine Dosen Erbsen
(à ca. 200 g Abtropfgewicht)
400 ml Gemüsebrühe | 1/4 Bund Minze
1 TL Wasabipaste | Kräutersalz | Pfeffer

Erbsen mit Brühe in einen Topf geben, 5–10 Minuten erhitzen und pürieren. Minze waschen, trocken tupfen, fein hacken und unterrühren. Mit Wasabi, Kräutersalz und Pfeffer pikant abschmecken.

Mais-Koriander-Süppchen

ZUBEREITUNG: 20 MINUTEN
ERGIBT 4 PORTIONEN (BILD RECHTS)

Zutaten

2 Schalotten | 1 EL Pflanzenöl
2 mittelgroße Dosen Mais (à ca. 300 g
Abtropfgewicht) | 1–2 Knoblauchzehen
250 g Sahne (ersatzweise Milch) | Salz
Chilipulver | 1 TL brauner Zucker
1/2 Bund Koriander

Schalotten abziehen und in Würfel schneiden. Pflanzenöl im Topf erhitzen und Schalottenwürfel darin anbraten. 2 Esslöffel Mais beiseitestellen. Knoblauch abziehen und zerdrücken, mit restlichem Mais in den Topf geben und mit Sahne aufgießen. Suppe ca. 15 Minuten garen, pürieren und mit Salz, Chilipulver und Zucker pikant abschmecken. Koriander waschen, trocken tupfen und fein hacken. Mais und Koriander unter die Suppe rühren und servieren.

Italienischer Spitzkohl

So haben Sie Spitzkohl noch nie gegessen: mit der Würze des Sommers.

ZUBEREITUNG: 60 MINUTEN
EINWEICHZEIT: 20 MINUTEN
ERGIBT 4 PORTIONEN (BILD)

Zutaten

100 g getrocknete Tomaten
375 ml Gemüsebrühe
1 mittelgroßer Spitzkohl
2–3 Knoblauchzehen
125 ml Olivenöl
grobes Salz
Pfeffer aus der Mühle
Chiliflocken
1/2 Bund frischer Thymian

Tomaten würfeln und ca. 20 Minuten in Brühe einlegen. Kohl putzen und in acht Stücke schneiden. Knoblauch abziehen und in Scheiben schneiden. 1–2 Esslöffel Öl in einer Pfanne erhitzen und Kohl ca. 5 Minuten anbraten.

Kohl in eine Auflaufform geben, mit restlichem Öl beträufeln und mit Salz, Pfeffer und Chiliflocken würzen. Brühe mit Tomaten zugießen und mit Knoblauchscheiben und Thymian verfeinern. Spitzkohlauflauf im vorgeheizten Backofen bei 180 Grad ca. 20 Minuten backen.

TIPP: *Nach Wunsch mit gebratenem Reis servieren. Reis nach Packungsanweisung in Salzwasser garen und im Bratensatz anbraten.*

Thaisalat

Asiens schönste Seite!

ZUBEREITUNG: 20 MINUTEN
ERGIBT 4 PORTIONEN

Zutaten

200 g Basmatireis
Salz
250 g Shiitakepilze
200 g Garnelen
1 Bund Koriander
3 Stangen Frühlingszwiebeln
500 g Thaispargel
1 Knoblauchzehe
2 EL Pflanzenöl
3 EL Sojasauce
Pfeffer
3 EL Chilisauce

Reis nach Packungsanweisung in Salzwasser zubereiten. Shiitakepilze putzen und in Scheiben schneiden. Garnelen und Koriander waschen, trocken tupfen und Koriander fein hacken. Frühlingszwiebeln und Thaispargel waschen. Frühlingszwiebeln putzen, in Ringe schneiden und Thaispargel halbieren. Knoblauch abziehen und fein würfeln.

Öl in einer Pfanne erhitzen, Pilze und Knoblauch darin anbraten. Garnelen zufügen, 1 Minute mitbraten und mit Sojasauce würzen. Thaispargel und Frühlingszwiebelringe unterheben und mit Salz, Pfeffer und Chilisauce abschmecken. Koriander zugeben und mit Reis servieren.

Spargelsalat mit Kerbel-Orangen-Dressing

Ein Zusammenspiel der feinen Aromen.

ZUBEREITUNG: 1 STUNDE 40 MINUTEN
MARINIERZEIT: 60 MINUTEN
ERGIBT 4 PORTIONEN

Zutaten

400 g weißer Spargel
400 g grüner Spargel
Salz
2 EL gehobelte Mandeln
1 Orange
1/2 Bund Kerbel
2 EL Olivenöl
2 EL Walnussöl
1 EL Erdbeer-Fruchtaufstrich
1 TL mittelscharfer Senf
Zitronenpfeffer
8 Blätter Römersalat

Spargel putzen. Weißen Spargel ganz, grünen Spargel nur im unteren Drittel schälen und die holzigen Endstücke abschneiden. Die Spargelstangen schräg in 4–5 Zentimeter lange Stücke schneiden. Spargelstücke ca. 2–3 Minuten in Salzwasser blanchieren und abtropfen lassen. Mandeln in einer Pfanne anrösten. Für das Dressing Orange auspressen. Kerbel waschen, trocken tupfen und fein hacken.

Orangensaft mit Oliven-, Walnussöl, Erdbeer-Fruchtaufstrich und Senf verrühren. Mit Salz und Zitronenpfeffer pikant abschmecken. Spargel mit dem Dressing vermischen und ca. 60 Minuten marinieren. Salat waschen und trocknen. Spargel mit Salatblättern auf vier Tellern anrichten und mit gerösteten Mandeln und Kerbel garniert servieren.

WUSSTEN SIE SCHON: *Frischen Spargel erkennen Sie an glänzenden und knackigen Stangen mit feuchten Schnittstellen und geschlossenen Spargelköpfen. Frischer Spargel quietscht, wenn Sie die Stangen aneinanderreiben. Da Spargel zu über 90 Prozent aus Wasser besteht, ist er besonders kalorienarm und liefert zusätzlich noch B-Vitamine und Vitamin C. So ist das Gemüse ein idealer Genuss nach dem Winter. Der am häufigsten verwendete Spargel ist der weiße Spargel. Dieser wächst unter der Erde und wird gestochen, sobald die Spargelköpfe die Erdkruste anheben. Der Geschmack von weißem Spargel ist besonders mild. Sobald die Spargelköpfe die Erde durchbrechen, färben sie sich durch Lichteinwirkung violett. Dieser sogenannte violette Bleichspargel ist vor allem in Frankreich aufgrund seines kräftigeren Geschmacks beliebt. Der grüne Spargel dagegen wächst über der Erde und färbt sich durch das Sonnenlicht grün. Seine Stangen sind etwas kleiner und der Geschmack würzig. Es müssen nur die unteren Enden geschält werden. Als besondere Delikatesse gelten der Thaispargel sowie der wilde Spargel, wobei der wilde Spargel im Mittelmeerraum vorkommt und ein Sprossengewächs ist.*

Bohneneintopf mit Zitronendip

Dieser deftige Bohneneintopf wird abgerundet durch einen erfrischend fruchtigen Zitronendip, lecker!

ZUBEREITUNG: 50 MINUTEN
ERGIBT 4 PORTIONEN

Zutaten

1 große Dose weiße Bohnen
(500 g Abtropfgewicht)
500 g grüne Bohnen
500 g Kartoffeln
1–2 Knoblauchzehen
2–3 Stängel Bohnenkraut
4 EL Olivenöl
Meersalz
Pfeffer
1 EL Paprikamark
1 l Gemüsebrühe
1 unbehandelte Zitrone
125 g Crème fraîche
100 g Bacon

Weiße Bohnen in ein Sieb geben, gut abspülen und abtropfen lassen. Grüne Bohnen waschen, putzen und eventuell halbieren. Kartoffeln schälen und in Würfel schneiden. Knoblauch abziehen und zerdrücken. Bohnenkraut waschen, trocken tupfen und grob hacken.

Öl in einem Topf erhitzen und die Kartoffelwürfel darin kurz anbraten. Mit Meersalz und Pfeffer pikant würzen. Grüne Bohnen, Bohnenkraut, Knoblauch und Paprikamark unterrühren und mit Brühe begießen. Bei mittlerer Hitze 20–25 Minuten garen. 5 Minuten vor Ende der Garzeit die weißen Bohnen unterheben.

Für den Zitronendip Zitrone gründlich waschen und Schale abreiben. Crème fraîche mit Zitronenschale verrühren und mit Salz und Pfeffer abschmecken. Bacon in einer Pfanne knusprig braten und zusammen mit Eintopf und Zitronendip servieren.

Erbsen-Minz-Miniquiche

Ein idealer Partysnack zum Verlieben.

ZUBEREITUNG: 50 MINUTEN
ERGIBT 12 STÜCKE

Zutaten

1 Packung Erbsen (TK)
1 Packung Filoteig
3 Frühlingszwiebeln
100 g Speckwürfel
200 g Sahne
100 g Crème fraîche
3 Eier
1–2 Knoblauchzehen
1/4 Bund Minze
Salz
Pfeffer
4 EL geriebener mittelalter Gouda

Erbsen in ein Sieb geben, mit warmem Wasser übergießen und abtropfen lassen. Filoteigblätter nebeneinander auf eine Arbeitsfläche legen und 36 Kreise ausstechen (12 cm Durchmesser). Eine Muffinform (zwölf Mulden) mit Butter ausstreichen und jeweils drei Filoteigkreise hineinlegen. Frühlingszwiebeln waschen und in dünne Ringe schneiden. Speck in einer heißen Pfanne auslassen, Frühlingszwiebeln zugeben und kurz anbraten.

Zusammen mit den Erbsen auf die zwölf Muffinförmchen verteilen. Sahne, Crème fraîche und Eier glatt rühren. Knoblauch abziehen und zerdrücken. Minze waschen, trocken tupfen und fein hacken. Knoblauch und Minze unter die Creme heben und mit Salz und Pfeffer abschmecken. Creme in die Muffinförmchen gießen und mit geriebenem Käse bestreuen. Im vorgeheizten Backofen bei 200 Grad 25–30 Minuten backen. Die fertigen Miniquiches herausnehmen und auf einem Gitter auskühlen lassen.

VARIANTE: *Sie können die Miniquiches auch mit einer Füllung aus Austernpilzen, Petersilie, Cocktailtomaten und Scamorza (ersatzweise Büffelmozzarella) füllen. Dafür 300 g Austernpilze putzen, in Stücke schneiden und in einer Pfanne mit Olivenöl anbraten. 100 g Cocktailtomaten waschen und vierteln. 1/2 Bund glatte Petersilie waschen, trocken tupfen und hacken. 150 g Scamorza fein würfeln. Austernpilze mit Petersilie, Tomatenvierteln und Scamorzawürfeln vermischen. Mit Salz und Pfeffer würzen und auf die Muffinförmchen verteilen. 200 gSahne, 100 g Crème fraîche und 3 Eier glatt rühren. Mit Salz und Pfeffer abschmecken und über die Füllung geben. Wie oben beschrieben backen und servieren.*

Panierte Selleriescheiben mit Schnittlauchdip

Diese panierten Selleriescheiben mit Oregano und Nüssen lassen Sie alles andere vergessen.

ZUBEREITUNG: 40 MINUTEN
ERGIBT 4 PORTIONEN

Zutaten

250 g Quark
2 EL leichte Mayonnaise
1 Bund Schnittlauch
Salz
Knoblauchpfeffer
1 EL Kürbiskernöl
2 mittelgroße Knollen Sellerie
1 Zitrone
1 EL Zucker
Pfeffer
2 Eier
120 g Paniermehl
40 g gehackte Kürbiskerne
2 EL gehackter Oregano
Pflanzenöl zum Braten

Für den Schnittlauchdip Quark und Mayonnaise verrühren. Schnittlauch waschen, trocken tupfen und in feine Röllchen schneiden. Schnittlauchröllchen unter den Quark rühren und mit Salz und Knoblauchpfeffer abschmecken. Quark in eine kleine Schüssel geben und mit Kürbiskernöl beträufeln.

Sellerie schälen und in Scheiben schneiden. Zitrone auspressen. Einen Topf mit Salzwasser, Zitronensaft und Zucker zum Kochen bringen. Selleriescheiben darin ca. 5 Minuten vorgaren. Gut abtropfen lassen und mit Salz und Pfeffer würzen.

Eier aufschlagen. Paniermehl mit Kürbiskernen vermischen. Mit Salz, Pfeffer und Oregano würzen. Selleriescheiben nacheinander in Ei und Paniermehl wenden. Öl in einer Pfanne erhitzen und Selleriescheiben ca. 2 Minuten von beiden Seiten goldbraun braten. Panierte Selleriescheiben mit Schnittlauchdip warm oder kalt servieren.

▮ VARIANTE: *Statt Sellerie können Sie auch Auberginen panieren. Dafür 2 mittelgroße Auberginen waschen, putzen und in ca. 1 Zentimeter dicke Scheiben schneiden. Für die Panade 2 Eier aufschlagen. 120 g Paniermehl mit 2 Esslöffeln Sesamsaat vermischen. Mit Salz, Pfeffer und Oregano würzen. Auberginenscheiben nacheinander in Ei und Paniermehl wenden. Reichlich Olivenöl in einer Pfanne erhitzen und Auberginenscheiben von beiden Seiten ca. 3 Minuten auf mittlerer Temperatur goldbraun braten. Auf etwas Küchenkrepp abtropfen lassen und mit Schnittlauchdip, wie oben beschrieben, servieren.*

Auberginen mit Minzfüllung

Ein mediterranes Festspiel für alle Sinne.

ZUBEREITUNG: 50 MINUTEN
ERGIBT 4 PORTIONEN

Zutaten

2 große Auberginen
4 mittelgroße Tomaten
200 g Schafskäse
2 Zwiebeln
2 Knoblauchzehen
1/2 Bund Minze
1/2 Bund Petersilie
3 EL Olivenöl
Salz
Knoblauchpfeffer
250 ml Brühe
3 EL Tomatenmark

Auberginen waschen, halbieren und das Fruchtfleisch mithilfe eines Löffels herausnehmen, dabei einen 1 Zentimeter dicken Rand stehen lassen. Tomaten waschen, mit Auberginenfruchtfleisch und Schafskäse in Würfel schneiden. Zwiebeln und Knoblauch abziehen. Zwiebeln in Ringe schneiden und Knoblauch würfeln. Kräuter waschen, trocken tupfen und fein hacken.

Öl in einer Pfanne erhitzen und Zwiebelringe, Knoblauch- und Auberginenwürfel ca. 5 Minuten anbraten. Tomaten- und Schafskäsewürfel zugeben und kurz durchschwenken. Mit Salz, Pfeffer und zwei Drittel der Kräuter vermischen und in die Auberginenhälften füllen.

Brühe mit 2 Esslöffeln Tomatenmark, Salz und Pfeffer sowie den restlichen Kräutern verrühren. Auberginen in eine Auflaufform geben und Tomatenbrühe angießen. Im vorgeheizten Backofen bei 180 Grad ca. 30 Minuten garen. Fond mit restlichem Tomatenmark andicken, pikant abschmecken und mit den heißen Auberginen servieren.

▮ VARIANTE: *Sie können die Auberginen auch mit einer Hackfleisch-Aprikosen-Füllung zubereiten. Auberginen wie oben beschrieben aushöhlen. Auberginenhälften in eine Auflaufform geben und im vorgeheizten Backofen auf 200 Grad ca. 15–20 Minuten garen. 2 Knoblauchzehen abziehen und mit Auberginenfruchtfleisch würfeln. 80 g getrocknete Soft-Aprikosen fein würfeln und 3 Esslöffel gesalzene Pistazien grob hacken. Jeweils 1/2 Bund Koriander und glatte Petersilie waschen, trocken tupfen und fein hacken. 2 Esslöffel Öl in einer Pfanne erhitzen und 300 g Hackfleisch darin ca. 3 Minuten anbraten. Knoblauch und Auberginenwürfel zufügen und ca. 3 Minuten mitbraten. 1 Esslöffel Tomatenmark zugeben und kurz anschwitzen. Aprikosenwürfel, Pistazien und Kräuter unterheben und mit Salz, Pfeffer und Chilipulver abschmecken. Masse in Auberginenhälften füllen und in ca. 15–20 Minuten zu Ende garen.*

▮ TIPP: *Für eine besondere Würze können Sie für die Füllung auch Lammhackfleisch verwenden.*

Champignons mit Kräutermayonnaise

Edel und einfach zugleich. (Bild Seite 86)

ZUBEREITUNG: 30 MINUTEN
ERGIBT 4 PORTIONEN

Zutaten

1 Ei
1 TL Kräuteressig
125 ml Pflanzenöl
1 Knoblauchzehe
1 TL mittelscharfer Senf
2 EL Schnittlauchröllchen
2 EL gehackte Zitronenmelisse
Salz
Pfeffer
Zucker
1 Stängel Thymian
1 Stängel Rosmarin
500 g kleine Champignons
4 EL Olivenöl

Ei mit Essig aufschlagen und tropfenweise das Pflanzenöl zugeben. Knoblauch abziehen und zerdrücken, mit Senf, Schnittlauch und Zitronenmelisse unter die Mayonnaise rühren und mit Salz, Pfeffer und Zucker abschmecken.

Thymian und Rosmarin, waschen, trocken tupfen und fein hacken. Champignons putzen. Öl in einer Pfanne erhitzen und Champignons mit Thymian und Rosmarin rundherum anbraten. Mit Salz und Pfeffer würzen und mit der Kräutermayonnaise servieren.

TIPP: *Dazu schmeckt geröstetes Baguette.*

Ofengemüsesalat

Einmal probiert, für immer verführt.

ZUBEREITUNG: 50 MINUTEN
MARINIERZEIT: 60 MINUTEN
ERGIBT 6 PORTIONEN

Zutaten

je 1 rote, gelbe und orange Paprika
2 Zucchini
1 Fenchel
3 Möhren
1/2 Bund glatte Petersilie
50 ml Olivenöl
Salz
Pfeffer
3 unbehandelte Zitronen
100 g Zucker
100 ml Wasser
2 getrocknete Chilischoten

Paprika, Zucchini und Fenchel waschen. Paprika vierteln, entkernen und in Streifen schneiden. Zucchini putzen, Möhren schälen und beides in Scheiben schneiden. Fenchel putzen, halbieren, den Strunk entfernen und in Streifen schneiden. Petersilie waschen, trocken tupfen und hacken. Gemüse auf ein mit Backpapier belegtes Backblech geben, mit Olivenöl, Salz und Pfeffer bestreuen und bei 200 Grad ca. 30–40 Minuten garen. Ofengemüse abkühlen lassen.

Für die Marinade von einer Zitrone Zitronenzesten mit einem Zestenreißer abschälen. Zitronen auspressen. Zucker in einem Topf karamellisieren, mit Zitronensaft und Wasser ablöschen. Zitronenzesten und Chilischoten zugeben und so lange kochen, bis der Karamell sich gelöst hat. Marinade abkühlen lassen. Marinade mit Gemüse vermischen, Petersilie unterheben und servieren.

Knusperspargel mit Schweinefiletchips

Spargel mal anders mit einer knusprigen Mandelhülle und zartem Schweinefilet.

ZUBEREITUNG: 60 MINUTEN
ERGIBT 4 PORTIONEN

Zutaten

800 g weißer Spargel
Salz
2 EL Mehl
1 Ei
1 TL körniger Senf
4 EL gehackte Mandeln
4 EL Paniermehl
Pfeffer
10 EL Butterfett zum Braten
600 g Schweinefilet
200 g Joghurt
Saft von 1 kleinen Orange
1 TL Senf
5 EL gehackte, gemischte Kräuter
(z. B. Dill, Estragon, Schnittlauch)
1/2 TL Chilipulver
Zucker

Spargel schälen und Enden abschneiden. Spargel in reichlich Salzwasser ca. 10–15 Minuten bei mittlerer Hitze garen. Gut abtropfen lassen. Mehl auf einen Teller geben. Ei mit Senf verschlagen sowie Mandeln, Paniermehl, Salz und Pfeffer vermischen und jedes Gemisch auf einen Teller geben. Spargelstangen nacheinander in Mehl, Ei und Panade wenden. 6 Esslöffel Butterfett in einer Pfanne erhitzen und Spargelstangen darin vorsichtig von allen Seiten braten und warm stellen.

Schweinefilet waschen, trocken tupfen, in dünne Scheiben schneiden und mit Salz und Pfeffer würzen. Restliches Butterfett in einer Grillpfanne erhitzen und die Filetscheiben von beiden Seiten knusprig braten.

Für den Dip Joghurt mit Orangensaft, Senf, 1 Esslöffel der Kräuter und Chilipulver verrühen und mit Salz, Pfeffer und Zucker abschmecken. Spargel zusammen mit Filetchips auf Tellern anrichten, mit restlichen Kräutern bestreuen und mit Joghurtdip servieren.

Fleisch & Fisch …

Liebe auf den ersten Biss! Vor der Zubereitung eingelegt in delikate Marinaden und feine Öle mit frischen Kräutern, verwandeln sich Fleisch, Fisch und Meeresfrüchte in zarte *Aromenwunder*, die betören.

Kräuter & Marinaden

Durch das Einlegen in eine würzige Beize werden *Fleisch und Fisch* weich und zart. Frische oder getrocknete Kräuter sorgen für das besondere Aroma.

Ursprünglich diente das Marinieren (von französisch mariner = in Salzwasser einlegen) oder Beizen der Kurzkonservierung von Fleisch oder auch Fisch. Das Einlegen in eine würzende, saure Flüssigkeit, heute Marinade genannt, bewirkt aber noch mehr: Sie sorgt dafür, dass sich ein einzigartiger Geschmack im Fleisch oder Fisch ausbilden kann. Gleichzeitig wird das Brat- oder Grillgut durch eine Marinade weich und zart (mürbe). Marinaden bzw. Beizen haben meist eine saure oder stark zuckerhaltige Grundlage, die durch die verschiedenen Kräuter- und Würzmischungen erst ihre individuelle Note erhalten. Damit die Aromen der Kräuter und Gewürze gut in das Gargut übergehen können, sollte das Fleisch oder der Fisch mindestens 2–12 Stunden, je nach Rezept, Sorte und Größe, eingelegt werden. Glas- und Keramikschalen eignen sich sehr gut zum Marinieren, Sie können aber auch Gefrierbeutel verwenden, die Sie dann zeitweise wenden sollten. Auf Metallschalen sollten Sie jedoch verzichten, da sich bei säure-, öl- oder auch zuckerhaltigen Marinaden Metallbestandteile aus der Schale lösen und ins Gargut eindringen können.

Fleisch

Neben Essig, Zitronen- oder Limettensaft, Bier und Wein eignen sich auch Sauermilchprodukte, wie zum Beispiel Buttermilch, Kefir, Dickmilch oder auch Joghurt, als saure Basis für Fleischmarinaden. Die säuerliche Grundlage sorgt vor allem bei Fleisch dafür, dass es wunderbar mürbe wird. Denn durch die Säure werden das Bindegewebe, die Sehnen und die Fasern im Fleisch zersetzt, was die natürliche Fleischreifung beschleunigt. Außerdem verhindert die Säure das Wachstum von Bakterien, die sich in dem sauren Milieu nicht vermehren können. Vor allem bei Rind- und Wildfleisch ist das vorteilhaft, da diese Fleischsorten schnell verderben. Aber nur, wenn das Fleisch komplett von der Marinade bedeckt ist, kann dies verhindert werden. Aufgekochte Marinaden sollten Sie vollständig abkühlen lassen, bevor Sie das Fleisch einlegen, da sich sonst die Fleischporen vorzeitig verschließen und die Aromen der Kräuter und Gewürze dadurch nicht mehr ins Fleisch eindringen können. Bevor Sie das marinierte Fleisch garen, ist es wichtig, dass Sie es aus der Marinade nehmen und gut abtupfen, damit es von allen Seiten angebraten werden kann. Die restliche Marinade lässt sich sehr gut zur Sauce weiterverarbeiten und dann zum Fleisch reichen. Möchten Sie dem Fleisch oder Fisch ein besonderes mediterranes Flair verleihen, können Sie zum Marinieren auch Olivenöl verwenden. Mit verschiedenen Kräutern und Gewürzen vermischt wird das Gargut durch das Öl-Kräuter-Bad äußerst aromatisch. Allerdings wird das Fleisch durch das Öl nicht mürbe, das Öl sorgt nur für den feinen Geschmack. Aufgrund der Ölmarinade benötigen Sie aber kein weiteres Fett mehr zum Braten oder Grillen, da das Fleisch bereits ausreichend von Öl umgeben wird.

Ob frisch oder getrocknet – als beliebteste Kräuter für Fleisch gelten Rosmarin, Basilikum, Majoran und Thymian. Natürlich können Sie ganz nach Ihrem persönlichen Geschmack auch andere Kräuter dafür verwenden. Achtung: Beim Würzen von Fleisch in Marinaden sollten Sie das Fleisch erst kurz vor dem Braten salzen. Fügen Sie nämlich schon während der Marinierzeit Salz hinzu, wird dem Fleisch zu viel Wasser entzogen, und es wird dadurch leicht zäh.

Fisch

Wollen Sie rohen Fisch marinieren, achten Sie unbedingt darauf, dass der Fisch ganz frisch ist. Die wichtigsten Erkennungsmerkmale dafür sind: Frischer Fisch riecht nach Meer oder See und nicht nach Fisch. Außerdem hat er rosafarbene Kiemen und glänzende Schuppen. Dabei ist es unwichtig, ob der Fisch im Ganzen oder als Filet vorliegt. Anders als beim Fleisch gehört in eine Fischmarinade unbedingt sehr viel Salz, dadurch wird der Fisch besonders lang haltbar und er bekommt einen typischen Seegeschmack. Zwar kann man auch hier mit Essig und Wein marinieren, beides eignet sich aber nicht so gut wie Öl, da das Fischfleisch bei zu langer Einwirkung von Säure zerfällt und es sich nicht mehr gut zubereiten lässt. Ähnlich wie bei Fleischmarinaden können aber auch hier wieder alle frischen oder getrockneten Kräuter zum Würzen eingesetzt werden. Ein typisches Kraut, das zu allen Fischrezepten passt, ist natürlich Dill.

Wird marinierter Fisch noch gebraten oder gegrillt, verkürzt sich die Einlegezeit, da die Hitze den Garvorgang abschließt. Damit der Fisch in der Pfanne nicht austrocknet, sollte unbedingt Fett verwendet werden. Die Fischporen schließen sich daraufhin schneller – er wird schmackhafter und bekömmlicher. Marinierter Fisch trocknet beim Zubereiten auch nicht aus, wenn Sie ihn in einem Fischtopf oder in Alufolie gewickelt im Backofen schmoren.

Meeresfrüchte

Zu den Meeresfrüchten zählen alle Krustentiere (z. B. Krebse, Hummer), Schalentiere (z. B. Muscheln, Schnecken) und Kopffüßler (z. B. Kalmar, Oktopus), die im Meer vorkommen. Sie können genauso wie Fisch in allen Öl-Kräutermarinaden eingelegt werden. Zubereitungszeit und -art ändern sich dadurch nicht.

Roulade mit Kräuterfüllung

Kräftig von der Rolle sind diese Rouladen mit einer himmlischen Frischkäsefüllung.

ZUBEREITUNG: 90 MINUTEN
ERGIBT 4 PORTIONEN

Zutaten

4 Rinderrouladen (à ca. 150 g)
Salz
Zitronenpfeffer
2 Schalotten
200 g Frischkäse
1 Ei
4 EL gehackte, gemischte Kräuter (z. B. glatte Petersilie, Schnittsellerie)
3 EL Paniermehl
4 EL Pflanzenöl
125 g Sahne
125 ml Fleischbrühe
125 ml Rotwein
1–2 EL dunkler Saucenbinder

Rouladen waschen, trocken tupfen, nebeneinander auf eine Arbeitsfläche legen und leicht mit Salz und Pfeffer bestreuen. Schalotten abziehen und fein würfeln. Frischkäse mit Ei, Kräutern, Paniermehl und Schalottenwürfeln vermischen und mit Salz und Pfeffer abschmecken. Jeweils eine Portion auf je eine Roulade streichen, aufrollen und mit einer Rouladennadel zusammenstecken. Pflanzenöl in einer Pfanne erhitzen und die Rouladen rundherum kräftig anbraten. Sahne, Brühe und Rotwein angießen und in der Pfanne bei mittlerer Hitze 60–70 Minuten schmoren. Rouladen herausnehmen, verbleibende Sauce eventuell mit Brühe auffüllen, aufkochen lassen, mit Saucenbinder andicken und pikant abschmecken. Rouladen zusammen mit Sauce servieren.

▌TIPP: *Dazu schmecken Kräuterknödel und Majoranzucchini (Kapitel Kartoffeln & Pasta, s. S. 45 und Kapitel Gemüse & Salate, s. S. 67) oder Nudeln und Rotkohl. Für den Rotkohl einen Rotkohl putzen, den Strunk entfernen und in feine Streifen schneiden. 6 Schalotten abziehen und fein würfeln. Rotkohlstreifen und Schalottenwürfel in 4 Esslöffeln Gänseschmalz anbraten und mit 100 ml Gemüsebrühe, 200 ml Johannisbeersaft und 50 ml Rotweinessig ablöschen. 4 Äpfel vierteln, entkernen, schälen, in Stücke schneiden und zum Rotkohl geben. 1 Nelke, 1 Lorbeerblatt, 1 Zimtstange, 5 Pfefferkörner, und 1 Sternanis in einen Teefilter geben und zum Rotkohl hinzugeben und etwa 60 Minuten auf mittlerer Hitze zugedeckt schmoren. Gewürzbeutel wieder entfernen und den Rotkohl mit schwarzem Johannisbeergelee, Rotweinessig, Salz und Pfeffer abschmecken und servieren.*

Minzcouscous

Ein orientalisches Gedicht aus nussigem Couscous und frischem Minzjoghurt.

ZUBEREITUNG: 40 MINUTEN
ERGIBT 4 PORTIONEN

Zutaten

2 kleine Auberginen
Kräutersalz
250 g Couscous
300 ml Gemüsebrühe
100 g große Rosinen
6 EL gehackte Minze
2 EL gehackte Pistazien
2 EL geröstete, gehackte Haselnüsse
Pfeffer
2 Lammlachse
125 ml Olivenöl
250 g Joghurt
1–2 EL Zitronensaft
Salz
Zucker

Auberginen waschen, in dünne Scheiben schneiden und nebeneinander auf Küchenkrepp legen. Auberginen mit Kräutersalz bestreuen und ca. 20 Minuten entwässern lassen.

Couscous nach Packungsanweisung, aber mit Gemüsebrühe zubereiten. Rosinen, 4 Esslöffel Minze, Pistazien, Haselnüsse und Gewürze untermischen und bei kleiner Temperatur warm stellen. Lammlachse waschen, trocknen tupfen, in feine Scheiben schneiden und mit Kräutersalz und Pfeffer würzen. Auberginenscheiben in mehreren Portionen von beiden Seiten in 100 ml Öl braten.

Für den Minzjoghurt Joghurt mit restlicher Minze und Zitronensaft vermischen. Mit Salz und Pfeffer abschmecken. Lammlachse im restlichen Öl kurz von beiden Seiten braten, mit Couscous und Auberginen in einer Schüssel anrichten. Lauwarmen Minzcouscous zusammen mit Joghurt servieren.

WUSSTEN SIE SCHON: *Couscous gehört zu den Getreideerzeugnissen und ist das Grundnahrungsmittel der nordafrikanischen Küche. Hergestellt wird Couscous aus dem Grieß von Weizen, Gerste und Hirse. Der Grieß wird vorgequollen und dann getrocknet.*

Bulgur dagegen wird meistens aus Hartweizen hergestellt, zuerst vorgequollen, getrocknet und erst dann zu Grieß verarbeitet. Daher ist Bulgur noch reich an Ballaststoffen und Vitaminen, da es Teile des ganzen Korns enthält. Bulgur wird hauptsächlich im Vorderen Orient verwendet und hat im Vergleich zum Couscous einen kräftigeren und nussigen Geschmack. Couscous und Bulgur schmecken gut als Salate zu warmen Gerichten und zu Fleisch.

Typische Gewürze zur Verfeinerung sind die arabische Gewürzmischung Ras el Hanout oder die aus Nordafrika stammende Gewürzpaste Harissa.

Lammkarree in Kräutermarinade

Die genialsten Sachen sind die einfachsten. Lassen Sie die Marinade für sich arbeiten.

ZUBEREITUNG: 40 MINUTEN
MARINIERZEIT: CA. 3 STUNDEN
ERGIBT 4 PORTIONEN

Zutaten

1 küchenfertiges Lammkarree (ca. 750 g)
2 Knoblauchzehen
2 rote Zwiebeln
6 EL gehackte, gemischte Kräuter
(z. B. Salbei, Thymian, Majoran, Rosmarin)
125 ml Olivenöl
125 ml trockener Weißwein
Saft von 1/2 Zitrone
1 EL grobes Meersalz
1 EL schwarzer Pfeffer
100 g Butter

Lammkarree waschen, trocken tupfen und in eine Auflaufform legen. Für die Marinade Knoblauch und Zwiebeln abziehen, Knoblauch zerdrücken und Zwiebeln fein würfeln. Knoblauch, Zwiebelwürfel, Kräuter, Olivenöl, Weißwein und Zitronensaft vermischen, mit Salz und Pfeffer abschmecken und über das Lammkarree gießen. Fleisch ca. 3 Stunden im Kühlschrank marinieren, dabei ein- bis zweimal die Marinade erneut mit einem Löffel über das Lammkarree geben.

Pfanne erhitzen und mariniertes Fleisch von jeder Seite ca. 3 Minuten kräftig anbraten. Lammkarree zurück in die Auflaufform geben und im vorgeheizten Backofen bei 180 Grad 15–20 Minuten garen. Für die gebräunte Butter die Butter schmelzen und so lange erhitzen, bis sich die Butter leicht braun färbt. Lammkarree in Koteletts schneiden und mit gebräunter Butter servieren.

TIPP: *Dazu schmeckt Kräuterpüree (Kapitel Kartoffeln & Pasta, s. S. 45) oder ein Möhrengemüse. Für das Gemüse das Grün der Möhren bis auf 2 Zentimeter abschneiden und Möhren schälen. Möhren in kochendem Salzwasser ca. 5 Minuten blanchieren. Ein kleines Stück Ingwer (ca. 5 g) schälen und fein hacken. Butter in einer Pfanne erhitzen und Ingwer mit Möhren darin rundherum ca. 4 Minuten anbraten. Mit Salz, Pfeffer, Zucker und Zitronenschale abschmecken.*

Muscheln im Kräutersud

Traditionell, mit frischen Kräutern verfeinert und für jeden Anlass die richtige Wahl.

ZUBEREITUNG: 40 MINUTEN
ERGIBT 4–6 PORTIONEN

Zutaten

3 kg Miesmuscheln
1 mittelgroße Zwiebel
2 Möhren
150 g Knollensellerie
6 Stängel Petersilie
6 Stängel Kerbel
1 Stängel Liebstöckel
3 EL Olivenöl
grobes Salz
1 EL schwarze Pfefferkörner
2 Lorbeerblätter
500 ml trockener Weißwein
150 g Sahne
4 Scheiben Landhausbrot

Muscheln unter fließendem Wasser gründlich waschen und geöffnete Muscheln aussortieren. Zwiebel abziehen, Möhren und Sellerie schälen und alles in kleine Würfel schneiden. 1 Stängel Petersilie als Dekoration beiseitelegen. Restliche Kräuter waschen, trocken tupfen, fein hacken und zur Seite stellen.

Öl in einem Topf erhitzen und das Gemüse darin ca. 5 Minuten anbraten. Salz, Pfeffer und Lorbeerblätter zugeben, mit Wein ablöschen und zum Kochen bringen. Vorbereitete Muscheln in den Sud geben und ca. 5 Minuten kochen lassen. Muscheln herausnehmen, geschlossene Muscheln aussortieren und restliche Muscheln warm stellen. Sud durch ein Sieb gießen und mit Sahne erneut aufkochen. Kräuter zugeben und über die Muscheln gießen. Muscheln mit Petersilie garnieren und mit Landhausbrot servieren.

WUSSTEN SIE SCHON: *Am günstigsten bekommen Sie Muscheln in der Saison von September bis April. Muscheln gehören zur Familie der Weichtiere und werden durch ihre kalkhaltige Schale geschützt. Frische Muscheln sollten noch leben, nach Seewasser riechen, geschlossen sein oder sich beim Anklopfen schließen. Offene und kaputte Muscheln vor dem Kochen, geschlossene Muscheln nach dem Kochen aussortieren. Die beliebtesten Muschelarten sind neben Miesmuscheln Austern, Jacobs-, Herz- oder Venusmuscheln.*

Zitronen-Kräuter-Hähnchenschenkel

Zum Verlieben einfach und zitronig gut.

ZUBEREITUNG: 2 STUNDEN
MARINIERZEIT: CA. 1–2 STUNDEN
ERGIBT 4 PORTIONEN

Zutaten

2 Stängel Rosmarin
2 Stängel Thymian
2 Stängel Salbei
1 kleine unbehandelte Zitrone
8 Hähnchenschenkel
6 EL Olivenöl
grobes Meersalz
Zitronenpfeffer
1 TL Paprikapulver
2 rote, getrocknete Chilischoten
1 Baguette

Kräuter und Zitrone waschen, trocken tupfen und Zitrone in Scheiben schneiden. Hähnchenschenkel waschen und trocken tupfen. Alle Zutaten in einen Gefrierbeutel geben, vorsichtig durchkneten und ca. 1–2 Stunden marinieren. Hähnchenschenkel mit Marinade in eine Auflaufform geben und im vorgeheizten Backofen bei 200 Grad 40–45 Minuten garen. Hähnchenschenkel mit Kräuter-Zitronen-Marinade und Baguette servieren.

TIPP: *Dazu schmeckt ein knackiger Salat (z. B. Spargel-Salat mit Orangendressing, Kapitel Gemüse & Salate, s. S. 76).*

VARIANTE: *Sie können auch Hähnchenunterschenkel oder Hähnchenflügel verwenden und dieses Rezept als Partysnack in einer größeren Runde servieren. Die Garzeit verkürzt sich dann auf ca. 20–30 Minuten.*

Garnelen-Lachs-Spieße

Mit Brokkoli alles andere als ein spießiges Dreierlei und ideal für einen besonderen Anlass!

ZUBEREITUNG: 90 MINUTEN
MARINIERZEIT: CA. 60 MINUTEN
ERGIBT 4 PORTIONEN

Zutaten

1/2 Bund Koriander
8 küchenfertige Garnelen
400 g Lachsfilet
1 Brokkoli
1 kleines Stück Ingwer
3 EL Weißwein
2–3 EL Sojasauce
1 EL Limettensaft
4 EL Olivenöl
Salz
grober Pfeffer
Paprikapulver
1 Bund Thaibasilikum
150 g Crème fraîche
100 g Mayonnaise
Currypulver
Zucker
geröstetes Fladenbrot

Koriander waschen, trocken tupfen und fein hacken. Garnelen und Lachsfilet waschen, trocken tupfen und Lachs in Würfel schneiden. Brokkoli waschen, putzen und in Röschen teilen.

Lachs und Brokkoliröschen mit je einer Garnele auf acht Spieße stecken. Für die Marinade Ingwer schälen, fein hacken und mit Weißwein, Sojasauce, Limettensaft und Olivenöl verrühren sowie mit Gewürzen abschmecken.

Spieße in eine Schale legen, mit Marinade übergießen und ca. 1 Stunde ziehen lassen.

Spieße auf einer Grillschale oder im Backofen 5–10 Minuten grillen, dabei mehrmals wenden.

Für den Dip Thaibasilikum waschen und trocken tupfen. Thaibasilikum mit Crème fraîche pürieren und Mayonnaise unterheben. Mit Salz, Pfeffer, Currypulver und Zucker abschmecken. Garnelen-Lachs-Spieße mit Thaibasilikum-Dip und Fladenbrot servieren.

WUSSTEN SIE SCHON: *Garnelen gehören wie Krabben, Hummer, Krebse und Langusten zu den Krebstieren. Insgesamt gibt es über 2000 Garnelenarten, die sich in Größe und Herkunft unterscheiden. Zu den bekanntesten Garnelenarten zählen die Nordsee-, Tiefsee- und Riesengarnele.*

Die Nordseegarnele, auch Nordseekrabbe, wird bis zu 10 Zentimeter lang und direkt nach dem Fang an Bord gekocht. Beim Kochen bekommen die Garnelen auch ihre charakteristische Färbung. Die Tiefseegarnelen, auch als Shrimps bezeichnet, stammen aus dem Pazifik und kommen meist tiefgefroren und gekocht zu uns in den Handel. Im Vergleich zu diesen Garnelenarten werden die Riesengarnelen, auch King Prawns genannt, bis zu 20 Zentimeter lang. Fälschlicherweise werden diese auch oft als Scampi bezeichnet. Scampi dagegen sind ca. 20 Zentimeter lange Krebse (Kaisergranat), die meist ohne Scheren in den Handel kommen. Frische Garnelen sollten ein festes Fleisch haben und nicht nach Fisch riechen.

Kräutercevapcici

Die eingelegten und gerösteten Paprikaschoten geben den Röllchen den ganz besonderen Pfiff.

ZUBEREITUNG: 40 MINUTEN
ERGIBT 4 PORTIONEN

Zutaten

200 g Reis
Salz
1 Glas eingelegte, geröstete Paprikaschoten (Füllmenge 650 g, Abtropfgewicht 300 g)
2 rote Zwiebeln
1–2 Knoblauchzehen
1/2 Bund Schnittlauch
1/2 Bund Petersilie
500 g gemischtes Hackfleisch
1 EL süßer Senf
1 EL Tomatenmark
2 EL Sonnenblumenkerne
1 EL Paniermehl
Pfeffer
scharfes Paprikapulver
3 EL Ölivenöl

Reis nach Packungsanweisung in Salzwasser garen. Paprikaschoten gut abtropfen lassen, 120 g davon in feine Würfel schneiden. Zwiebeln und Knoblauch abziehen und ebenfalls fein würfeln. Kräuter waschen, trocken tupfen und fein hacken.

Paprika, Knoblauch- und Zwiebelwürfel sowie Kräuter mit Hackfleisch, Senf, Tomatenmark, Sonnenblumenkernen und Paniermehl vermischen. Mit Salz, Pfeffer und Paprikapulver abschmecken. Masse zu ca. 5 Zentimeter langen Rollen formen. Öl in einer Panne erhitzen und Röllchen rundherum ca. 8–10 Minuten bei mittlerer Hitze braten.

Reis abgießen und kurz im Bratensatz schwenken. Restliche Paprikaschoten pürieren, mit Gewürzen pikant abschmecken. Röllchen nach Wunsch auf Spieße stecken und mit Paprikapüree und Reis servieren.

▮ TIPP: *Dazu schmecken Kräuterpüree (Kapitel Kartoffeln & Pasta, s. S. 45) oder ein Salat mit Himbeervinaigrette mit Minze (Kapitel Cremes, Pasten & Saucen, s. S. 17) oder ein frischer Krautsalat. Für den Krautsalat 1/2 Weißkohl putzen, vierteln, Strunk entfernen und den Kohl in Streifen schneiden. Das Kraut salzen, durchkneten und ca. 30 Minuten ziehen lassen. 2 Esslöffel Öl mit 4 Esslöffeln Weißweinessig vermischen und über den Krautsalat geben. Mit Salz, Pfeffer und Zucker abschmecken.*

Räucherstipp

Nordisch, knackig, fruchtig gut mit einer herrlichen Dillcreme.

ZUBEREITUNG: 75 MINUTEN
MARINIERZEIT: CA. 60 MINUTEN
ERGIBT 4 PORTIONEN

Zutaten

8 Räuchermatjes
1 mittelgroßer Apfel
50 g Cornichons
1 Bund Dill
2 EL Mayonnaise
2 EL Crème fraîche
2 EL Cornichon-Wasser
Salz
Zitronenpfeffer
1 Prise Zucker
1 kg festkochende Kartoffeln
2 EL Cashewkerne

Matjes trocken tupfen und in grobe Stücke schneiden. Apfel waschen, vierteln, entkernen und mit Schale in Scheiben schneiden. Cornichons abtropfen lassen, längs halbieren oder vierteln und mit Matjesstücken und Apfelscheiben vermischen.

Dill waschen, trocken tupfen und fein schneiden. Mayonnaise mit Dill, Crème fraîche und Cornichon-Wasser verrühren und mit Salz, Zitronenpfeffer und einer Prise Zuckerpikant abschmecken.

Matjesmischung mit Dillcreme vermengen und ca. 1 Stunde ziehen lassen. Kartoffeln gründlich waschen, in Salzwasser ca. 20–25 Minuten garen und abgießen. Räucherstipp nochmals abschmecken und mit Cashewkernen bestreuen, mit Pellkartoffeln servieren.

▌VARIANTE: *Matjesbrötchen: 4 Matjesheringe trocken tupfen. 2 Zwiebeln abziehen und in Scheiben schneiden. Kopfsalat waschen und trocken tupfen. 4 Brötchen aufschneiden, mit Remoulade bestreichen, mit je 2 Salatblättern und Zwiebelringen belegen. Je 1 Matjes auf eine Brötchenhälfte geben, zusammenklappen und servieren.*

▌WUSSTEN SIE SCHON: *Als Matjes werden Heringe bezeichnet, die vor der Geschlechtsreife gefangen werden. In diesem Alter ist das Fischfleisch besonders zart und fettreich. Der Hering wird nach dem Fang ausgenommen und gesalzen, wobei die Bauchspeicheldrüse im Fisch verbleibt. Die Enzyme der Bauchspeicheldrüse sind nämlich für das unverwechselbare Aroma des Matjes verantwortlich. Die Matjessaison ist von Mitte Mai bis Ende Juni. Frischen Matjes erkennt man an seiner hellen Farbe sowie seinem buttrigen Duft. Klassisch wird Matjes mit Pellkartoffeln, grünen Bohnen und ausgelassenem Speck gegessen oder zu Matjessalat verarbeitet.*

Schweinefilet mit Kräutermarinade

Edel und für jeden Anlass die richtige Wahl.

ZUBEREITUNG: 90 MINUTEN
MARINIERZEIT: CA. 60 MINUTEN
ERGIBT 4 PORTIONEN (BILD)

Zutaten

1 Schweinefilet (ca. 500 g)
2 EL grobes Meersalz
grober, bunter Pfeffer
3 EL gehackte, gemischte Kräuter
(z. B. Thymian, Rosmarin, Salbei)
2 EL Rosmarinöl
2 EL Olivenöl
4 EL Crème fraîche

Schweinefilet waschen, trocken tupfen und in einem Abstand von ca. 2 Zentimetern leicht einschneiden. Auf Alufolie legen. Salz, Pfeffer, Kräuter mit Rosmarin- und Olivenöl vermischen und über das Filet gießen. Folie gut verschließen und das Filet im Kühlschrank ca. 1 Stunde marinieren. Pfanne erhitzen und mariniertes Filet von allen Seiten gut anbraten. Verbleibende Marinade angießen und ca. 15 Minuten bei geringer Hitze weiter garen. Filet aus der Pfanne nehmen und aufschneiden. Aus dem Bratenfond mit Crème fraîche eine Sauce herstellen und mit dem Filet servieren.

TIPP: *Dazu schmecken Kräuter-Herzoginkartoffeln (Kapitel Kartoffeln & Pasta s. S. 45) und Rosmarinpaprika (Kapitel Gemüse & Salate s. S. 67) oder italienische Farfalle oder ein grüner Salat. Für den Salat 100 g Feldsalat, 1/2 Bund Rucola und 100 g jungen Spinat waschen und trocknen. 2 Pfirsiche würfeln und zusammen mit 150 g Mini-Mozarellakugeln unter den Salatmix geben. Für das Dressing 2 Esslöffel Olivenöl mit 1 Teelöffel Knoblauchöl, 2 Esslöffel Apfelessig, 1 Teelöffel grobem Senf, Salz und Pfeffer vermischen und über den Salat geben.*

Rindersteaks mit Kräuterkruste

Eine köstliche zitronige Kruste, vereint mit kräftigem Rindfleisch.

ZUBEREITUNG: 25 MINUTEN
ERGIBT 4 PORTIONEN

Zutaten

4 Rindersteaks (à ca. 200 g)
Salz
Pfeffer
4 Stängel Zitronenthymian
1/2 Bund Zitronenmelisse
150 g Toastbrot
100 g weiche Butter
3 TL körniger Senf
Fleur de Sel
2 EL Olivenöl

Rindersteaks waschen, trocken tupfen und mit Salz und Pfeffer würzen. Kräuter waschen, trocken tupfen und fein hacken. Toastbrot entrinden, fein würfeln und mit Butter vermischen. Senf und Kräuter untermischen, mit Fleur de Sel und Pfeffer abschmecken.

Öl in einer Pfanne erhitzen und Steaks von beiden Seiten ca. 2 Minuten anbraten. Kräuterkruste auf den Steaks verteilen und auf ein mit Backpapier belegtes Backblech geben. Im vorgeheizten Backofen bei 180 Grad ca. 10–15 Minuten gratinieren und servieren.

Pollo Tonnato

Eine unvergessliche kulinarische Kombination aus Geflügel und Fisch, probieren Sie selbst!

ZUBEREITUNG: 90 MINUTEN
MARINIERZEIT: CA. 60 MINUTEN
ERGIBT 4 PORTIONEN

Zutaten

1 Dose Thunfisch, ohne Öl
100 g Crème fraîche
2 EL Kapern
Salz
Pfeffer
3 EL Zitronensaft
2–3 Stängel Estragon
4 Hähnchenbrustfilets
1 TL Chilipulver
2 EL Pflanzenöl

Den Thunfisch gut abtropfen lassen, mit Crème fraîche und 1 Esslöffel Kapern pürieren. Mit Salz, Pfeffer und Zitronensaft würzen. Estragon waschen, trocken tupfen und fein hacken. Restliche Kapern fein schneiden und mit einem Teil des gehackten Estragons unter die Creme rühren. Thunfischcreme ca. 1 Stunde ziehen lassen.

In der Zwischenzeit Hähnchenbrustfilets waschen, trocken tupfen, mit Salz, Pfeffer und Chilipulver würzen. Pflanzenöl in einer Pfanne erhitzen und Hähnchenbrustfilets von beiden Seiten kräftig anbraten und bei mittlerer Hitze ca. 8 Minuten zu Ende garen, dabei mehrmals wenden.

Fleisch aus der Pfanne nehmen und abkühlen lassen. Hähnchenbrustfilets in feine Tranchen schneiden, auf Tellern anrichten, mit Thunfischcreme und restlichem Estragon garnieren.

▌WUSSTEN SIE SCHON: *Vitello Tonnato ist eines der bekanntesten italienischen Antipasti. Aus der Region Piemont stammend, im Nordwesten Italiens, ist dieses Gericht auf der ganzen Welt beliebt. In einem Fond aus Weißwein und Gemüse gekochtes Kalbfleisch wird dünn aufgeschnitten und mit einer kalten Thunfischsauce serviert. Die Zusammensetzung der kalten Thunfischsauce variiert von Region zu Region und wird klassischerweise mit eingelegtem Thunfisch, Mayonnaise und Kapern zubereitet.*

Cremoulata-Schnitzel

So umhüllt von frischen Kräutern und knackigen Mandeln haben Sie Ihr Schnitzel noch nie gegessen.

ZUBEREITUNG: 40 MINUTEN
ERGIBT 4 PORTIONEN

Zutaten

700 g große, festkochende Kartoffeln
Salz
Pfeffer
Olivenöl zum Braten
8 Minutenschnitzel (vom Schwein)
1 unbehandelte Zitrone
Kräuterpfeffer
2 Eier
Chilipulver
2 EL Mehl
6 EL Paniermehl
5 EL gehackte, gemischte Kräuter
(z. B. Petersilie, Majoran, Oregano)
2 EL gehackte Mandeln
Butterfett

Kartoffeln schälen und in dünne Stäbchen schneiden, mit Salz und Pfeffer würzen. Öl in einer Pfanne erhitzen und Kartoffelstäbchen darin rundherum ca. 15–20 Minuten braten.

Minutenschnitzel waschen, trocken tupfen und jeweils in einen Gefrierbeutel geben und mithilfe einer Küchenrolle flach klopfen. Zitrone waschen, Schale abreiben, halbieren und eine Hälfte auspressen, die andere Hälfte in Spalten schneiden. Alle Schnitzel nebeneinander auf eine Arbeitsfläche legen, mit Salz, Kräuterpfeffer und Zitronensaft würzen. Eier verquirlen und mit Salz, Kräuterpfeffer und Chilipulver würzen.

Paniermehl mit 4 Esslöffeln Kräutern, Mandeln und Zitronenschale vermischen. Mehl, Eier- und Mandelmischung auf große Teller geben und Minutenschnitzel nacheinander darin wenden.

Butterfett in einer großen Pfanne erhitzen und Cremoulata-Schnitzel von beiden Seiten ca. 6 Minuten braten. Mit Zitronenspalten und restlichen Kräutern garnieren und mit Kartoffelstäbchen servieren.

▮ TIPP: *Dazu passt ein Joghurtdip. Für den Dip 200 g griechischen Joghurt mit 2 Esslöffeln Ziegenfrischkäse, 2 Teelöffeln Tomatenmark und 1 Teelöffel Zitronenschale verrühren. Kresse von 1 Beet unterheben und kräftig mit Salz, Pfeffer und Zucker abschmecken.*

Seezungenröllchen mit Kerbelschaum

Einzigartig raffinierte Röllchen mit lockerem Kerbelschaum.

ZUBEREITUNG: 60 MINUTEN
ERGIBT 4 PORTIONEN

Zutaten

1 großes Bund Kerbel
1 große Möhre
1 kleine Zucchini
250 ml Gemüsebrühe
Salz
8 Seezungenfilets
Zitronenpfeffer
3 TL Limettensaft
60 g Butter
200 g Reis
2 EL trockener Weißwein
2 Eigelb

Kerbel waschen, trocken tupfen, fein hacken und die Hälfte zur Seite stellen. Möhre schälen, Zucchini waschen und putzen. Möhre und Zucchini mit einem Gemüsehobel in hauchdünne Scheiben schneiden. Brühe erhitzen, die Gemüsescheiben ca. 2 Minuten blanchieren, abtropfen lassen.

Seezungenfilets waschen, trocken tupfen und nebeneinander auf eine Arbeitsfläche legen, mit Salz, Pfeffer und 2 Teelöffeln Limettensaft würzen und nacheinander mit Möhren- und Zucchinischeiben sowie der Hälfte vom Kerbel belegen. Seezungenfilets aufrollen und mit einem Holzspieß feststecken.

10 g Butter in einer Pfanne erhitzen und die Röllchen von allen Seiten vorsichtig darin anbraten.

Anschließend in eine Auflaufform geben und im vorgeheizten Backofen bei 150 Grad ca. 10 Minuten nachziehen lassen.

Reis nach Packungsanweisung in Salzwasser garen. In der Zwischenzeit restliche Butter im Wasserbad schmelzen. Wein mit Eigelb verquirlen und im warmen Wasserbad schaumig aufschlagen. 1 Esslöffel vom restlichen Kerbel unterheben und mit 1 Teelöffel Limettensaft, Salz und Pfeffer abschmecken. Restlichen Kerbel unter den Reis heben. Seezungenröllchen mit Kerbelschaum und Reis servieren.

▮ TIPP: *Dazu schmeckt ein Zucchinigemüse. Dafür 3 Zucchini waschen, putzen und in Scheiben schneiden. 2 Esslöffel Olivenöl in einer Grillpfanne erhitzen und Zucchinischeiben darin ca. 8 Minuten von allen Seiten braten und mit Meersalz und Pfeffer würzen.*

Kräuterbraten

Sie werden sich und Ihre Gäste mit diesem einzigartigen Braten überraschen.

ZUBEREITUNG: 2 STUNDEN, 20 MINUTEN
ERGIBT 6 PORTIONEN

Zutaten

1,5 kg Schweinenackenbraten
Salz
Pfeffer
1/4 TL Chilipulver
2 EL Honig-Dill-Senf
3 Stängel Thymian
2 Stängel Salbei
4 EL Pflanzenöl
250 ml trockener Rotwein
250 ml Gemüsebrühe
700 g mehligkochende Kartoffeln
60 g Kartoffelstärke
2 Eigelb
2 Prisen geriebene Muskatnuss
20 g Butter
1–2 EL dunkler Saucenbinder
100 g Sahne

Braten waschen, trocken tupfen und quer einschneiden. Von allen Seiten mit Salz, Pfeffer und Chilipulver würzen und mit Senf bestreichen. Kräuter waschen, trocken tupfen und fein hacken. Braten mit Kräutern füllen und mit Küchengarn zubinden.

Pflanzenöl in einem Bräter erhitzen und den Braten von allen Seiten kräftig anbraten. Mit Rotwein und Brühe ablöschen und im vorgeheizten Backofen im geschlossenen Bräter bei 150 Grad ca. 2 Stunden garen.

Für die Kartoffelknödel Kartoffeln in Salzwasser garen, gut ausdampfen lassen und noch heiß pellen. Kartoffeln durch eine Kartoffelpresse drücken, Stärke und Eigelb untermischen. Mit Salz, Pfeffer und Muskatnuss würzen sowie Butter unterheben. Masse zu einem Teig verkneten und zu Knödeln formen. Reichlich Salzwasser zum Kochen bringen, Knödel ins Wasser geben und zugedeckt bei geringer Hitze 15–20 Minuten gar ziehen lassen.

Braten aus dem Backofen nehmen, Bratenfond mit Saucenbinder andicken, mit Sahne verfeinern und mit Salz und Pfeffer abschmecken. Kräuterbraten mit Sauce und Kartoffelknödeln servieren.

Kräuterforelle

Geniale Leichtigkeit gepaart mit dem Geschmack von Zitrone und Kräutern.

ZUBEREITUNG: 70 MINUTEN
ERGIBT 4 PORTIONEN

Zutaten

3 Stängel Rosmarin
2 Stängel Salbei
800 g festkochende Kartoffeln
Meersalz
2 Stängel Petersilie
2 Stängel Estragon
1 Knoblauchzehe
1 unbehandelte Zitrone
125 g Butter
2 EL Weißwein
Kräutersalz
Zitronenpfeffer
1/2 TL Chiliflocken
einige Tropfen Worcestersauce
8 kleine Forellenfilets (mit Haut)

Für die gebackenen Kartoffeln Rosmarin und Salbei waschen, trocken tupfen und die Nadeln und Blätter abzupfen. Kartoffeln waschen, halbieren, auf ein Backblech geben, mit Rosmarinnadeln und Salbeiblättern bestreuen und mit Salz würzen. Im vorgeheizten Backofen bei 180 Grad ca. 45 Minuten garen.

Für die Kräuterbutter Petersilie und Estragon waschen, trocken tupfen und fein hacken. Knoblauch abziehen und zerdrücken. Zitrone gut abwaschen, Schale abreiben und Zitrone auspressen. Butter mit gehackten Kräutern, Knoblauch, Weißwein, Zitronenschale und -saft glatt rühren und mit Gewürzen abschmecken.

1 Stück Alufolie ausrollen und 1 Esslöffel Kräuterbutter darauf verstreichen. Forellenfilets waschen, trocken tupfen und nebeneinander mit der Hautseite nach unten auf die Folie legen. Kräuterbutter auf den Filets verteilen und Folie über den Forellenfilets zusammenfalten. Forellenfilets 15 Minuten vor Ende der Garzeit zu den Kartoffeln in den Backofen geben und mitgaren.

Backofen ausschalten und Forellenfilets noch 5 Minuten nachziehen lassen. Vorsichtig aus der Folie nehmen und auf Tellern mit flüssiger Kräuterbutter übergossen und mit gebackenen Kartoffeln servieren.

Hähnchenbrust im Speck-Kräuter-Wickel

Deftig und saftig durch den Speck, frisch und würzig durch die Kräuter – Hähnchenbrustfilets auf eine herzhafte Art.

ZUBEREITUNG: 45 MINUTEN
ERGIBT 4 PORTIONEN

Zutaten

4 Hähnchenbrustfilets
Bärlauchsalz
gewürzter Pfeffer
5 kleine Stängel Rosmarin
5 kleine Stängel Thymian
8 Scheiben Frühstücksspeck
2 EL Olivenöl
150 ml trockener Weißwein
350 ml Gemüsebrühe
1 EL rote Pfefferbeeren
1–2 EL dunkler Saucenbinder
4 Scheiben Bauernbrot

Hähnchenbrustfilets waschen, trocken tupfen und mit Bärlauchsalz und Pfeffer würzen. Rosmarin- und Thymianzweige waschen, trocken tupfen und je 1 Stängel fein hacken und zur Seite stellen. Hähnchenbrustfilets mit je 1 Stängel Rosmarin und Thymian belegen und mit je 2 Scheiben Frühstücksspeck umwickeln.

Olivenöl in einer Grillpfanne erhitzen und die Hähnchenbrustfilets darin von beiden Seiten knusprig braten. Filets auf ein mit Backpapier belegtes Backblech legen und im vorgeheizten Backofen bei 150 Grad ca. 15 Minuten ziehen lassen. Bratensatz in der Pfanne mit Wein und Brühe ablöschen und mit restlichen Kräutern und Pfefferbeeren verfeinern.

Sauce mit Saucenbinder andicken und mit Salz und Pfeffer abschmecken. Hähnchenbrustfilets aus dem Ofen nehmen, Bratensaft zur Sauce geben und alles zusammen auf einer Platte anrichten und mit Bauernbrot servieren.

▮ TIPP: *Dazu schmecken Kräuterkroketten (Kapitel Kartoffeln & Pasta, s. S. 45) oder Bandnudeln.*

Kräutersardinen

Der optimale mediterrane Sommersnack.

ZUBEREITUNG: 30 MINUTEN
MARINIERZEIT: 90 MINUTEN
ERGIBT 4 PORTIONEN

Zutaten

750 g küchenfertige Sardinen
grobes Meersalz
Pfeffer
1/2 Bund glatte Petersilie
3 Stängel Zitronenthymian
3 Stängel Rosmarin
4 Knoblauchzehen
3 unbehandelte Zitronen
125 ml Olivenöl
2 EL Mehl
1 Baguette

Sardinen gründlich von innen und außen waschen und mit Salz und Pfeffer würzen. Kräuter waschen, trocken tupfen und fein hacken. Knoblauch abziehen und zerdrücken. 1 Zitrone halbieren und auspressen. 120 ml Olivenöl mit Kräutern, Zitronensaft, Salz und Pfeffer vermischen und Sardinen unterheben. Sardinen ca. 90 Minuten marinieren. Sardinen gut abtropfen lassen und mit Mehl bestäuben.

Marinierte Sardinen mit Marinade auf einer Grillschale oder einem Stück Alufolie 3–5 Minuten grillen. Dabei mehrmals vorsichtig wenden. Restliche 2 Zitronen waschen und in Spalten schneiden. Baguette in Scheiben schneiden, mit restlichem Olivenöl beträufeln und auf dem Grill in einer Aluschale rösten. Gegrillte Sardinen mit Zitronenspalten auf Tellern anrichten und mit gerösteten Baguettescheiben servieren.

▮ TIPP: *Alternativ können Sie die marinierten Sardinen auch in einer Grillpfanne 3–5 Minuten braten.*

▮ WUSSTEN SIE SCHON: *Die Sardine, zur Familie der Heringe gehörend, verdankt ihren Namen der italienischen Insel Sardinien. In früherer Zeit war das Vorkommen dieses Fisches vor der Küste Sardiniens besonders groß. Die Fischsaison ist vom späten Frühjahr bis Spätsommer. Allgemein ist die Sardine in allen Weltmeeren zu finden und klassischer Bestandteil der Mittelmeerküche. Ihr Geschmack ist würzig, kräftig und kommt besonders gut beim Braten, Grillen und Frittieren zur Geltung. In Deutschland ist besonders die in Öl eingelegte Sardine erhältlich.*

Putenrollbraten

Ein herrlicher Rollbraten mit einer Füllung aus knackigen Nüssen und aromatischen Kräutern.

ZUBEREITUNG: 70 MINUTEN
ERGIBT 4 PORTIONEN

Zutaten

5 EL Haselnüsse
2 Schalotten
3 EL Pflanzenöl
1 Bund gemischte Kräuter
(z. B. Petersilie, Oregano, Koriander)
2 EL Schmand
1 EL scharfer Senf
2 EL Paniermehl
Salz
Zitronenpfeffer
1 kg Putenbraten
500 ml Gemüsebrühe
1–2 EL dunkler Saucenbinder
200 g Basmatireis

Haselnüsse hacken und in einer Pfanne ohne Fett rösten. Schalotten abziehen und sehr fein würfeln. 1 Esslöffel Pflanzenöl in einer Pfanne erhitzen und Schalotten darin ca. 2 Minuten anbraten. Kräuter waschen, trocken tupfen und fein hacken. Schmand mit Kräutern, 2 Esslöffeln Haselnüssen, Schalottenwürfeln, Senf und Paniermehl vermengen und mit Salz und Zitronenpfeffer abschmecken.

Putenbraten waschen, trocken tupfen und zweimal quer einschneiden. Von allen Seiten mit Salz und Pfeffer würzen. Braten mit Kräutermasse füllen, aufrollen und mit Küchengarn zubinden. Restliches Pflanzenöl in einem Bräter erhitzen und den Braten von allen Seiten kräftig anbraten. Brühe angießen und Putenbraten im vorgeheizten Backofen bei 180 Grad 30–40 Minuten garen.

Reis nach Packungsanweisung in Salzwasser garen, abgießen und mit restlichen Haselnüssen vermischen. Braten aus dem Backofen nehmen, Bratenfond mit Saucenbinder andicken und mit Salz und Pfeffer abschmecken. Putenrollbraten mit Sauce und Reis servieren.

Garnelenspieße auf Brot

Garnelen, wie wir sie lieben.

ZUBEREITUNG: 20 MINUTEN
MARINIERZEIT: CA. 60 MINUTEN
ERGIBT 4 PORTIONEN

Zutaten

12 küchenfertige Garnelen mit Schwanz
2 Stängel Rosmarin
8 Salbeiblätter
1/2 Bund krause Petersilie
2 Knoblauchzehen
1 unbehandelte Zitrone
100 ml Olivenöl
Fleur de Sel (ersatzweise Salz)
Zitronenpfeffer
8 Scheiben helles Landbrot
100 g Schmand
3 EL Mayonnaise
1 EL Zitronensaft
Salz
Pfeffer
2 EL gehackte Petersilie

Garnelen waschen, trocken tupfen, auf vier Spieße stecken und in eine Auflaufschale legen. Für die Marinade Kräuter waschen, trocken tupfen und grob hacken. Knoblauch abziehen und fein würfeln. Zitrone waschen, halbieren und eine Hälfte auspressen. Restliche Zitronenhälfte vierteln.

80 ml Olivenöl mit Kräutern, Knoblauch, Zitronensaft und -vierteln, Salz und Zitronenpfeffer verrühren. Marinade über die Garnelen gießen und ca. 60 Minuten darin marinieren.

Restliches Olivenöl in einer Pfanne erhitzen, Brotscheiben von beiden Seiten knusprig braten, mit Salz und Pfeffer würzen und im vorgeheizten Backofen bei 80 Grad warm stellen. Garnelen mit 3 Esslöffeln Marinade in der Pfanne von beiden Seiten ca. 5 Minuten braten. Garnelenspieße auf den Brotscheiben anrichten und servieren.

Für den Zitronen-Schmand-Dip Schmand mit Mayonnaise und Zitronensaft vermischen, mit Salz und Pfeffer abschmecken und mit Petersilie bestreut servieren.

▮ WUSSTEN SIE SCHON: *Fleur de Sel, was so viel bedeutet wie „Blume des Salzes“, ist eines der teuersten und aromatischsten Salze. Das Salz kann nur unter bestimmten Bedingungen geerntet werden. Es entsteht an heißen und windstillen Tagen und nur dann bildet sich während der Verdunstung von Meerwasser eine hauchdünne Salzschicht an der Wasseroberfläche in den Salzgärten.*

Diese Salzkristalle haben eine blütenartige Struktur und werden in Handarbeit mit Holzkellen abgeschöpft und getrocknet. Das Salz ist vollständig unbehandelt und hat einen mild-würzigen Geschmack. Eine der bekanntesten Fleur de Sel-Sorten ist das „Fleur de Sel de Guérande“ aus der Bretagne. Besonders gut eignet sich Fleur de Sel zum Würzen von Fleisch, Fisch, Kartoffeln und Marinaden.

Desserts & Drinks …

erfreuen *Augen und Gaumen!* Denn wenn blumig duftende Kräuter Törtchen, Parfaits oder Tees aromatisieren und dekorieren, entstehen süße Verführungen, die jedes Menü *perfekt* vollenden werden.

Cranberry-Minz-Törtchen

Törtchen zum Träumen mit einem Hauch frischer Minze.

ZUBEREITUNG: 50 MINUTEN
ERGIBT 12 STÜCK

Zutaten

1 Glas Cranberries (110 g Abtropfgewicht)
3 Stängel Minze
3 Eier (Größe S)
120 g Butter
150 g brauner Zucker
1 Päckchen Vanillezucker
1 Flasche Butter-Vanillearoma
1 Päckchen Orangenschale
250 g Ricotta
250 g Mehl
1 TL Backpulver
4 EL Sahne
3 EL gehackte Mandeln
2 EL Puderzucker

Cranberries gut abtropfen lassen. Minze waschen, trocken tupfen und fein hacken. Eier, 100 g Butter, Zucker, Vanillezucker, Butter-Vanillearoma, Orangenschale und Ricotta schaumig rühren. Mehl und Backpulver zugeben und zu einem glatten Teig verrühren. Cranberries mit Sahne, Mandeln und Minze unter den Teig heben.

Zwölf Tarteletteförmchen (10 cm Durchmesser) mit restlicher Butter auspinseln und Teig in die Förmchen geben. Im vorgeheizten Backofen bei 160 Grad ca. 20 Minuten backen. Törtchen aus der Form stürzen und auskühlen lassen. Cranberry-Minz-Törtchen mit Puderzucker bestäuben und servieren.

VARIANTE: *Birnentörtchen mit Zitronenthymian. Ersetzen Sie Cranberries und Minze durch Birne und Zitronenthymian. Für die Muffins 2 Birnen vierteln, entkernen und würfeln. 3 Stängel Zitronenthymian waschen, trocken tupfen und fein hacken. Bereiten Sie die Törtchen wie beschrieben mit Birnenwürfeln und Zitronenthymian zu.*

Ahornmousse mit Rosmarin

Nicht nur optisch ein absoluter Hochgenuss.

ZUBEREITUNG: 30 MINUTEN
ZIEHZEIT: 30 MINUTEN
KÜHLZEIT: 2 STUNDEN
ERGIBT 6 PORTIONEN (BILD)

Zutaten

2 Päckchen Vanillezucker
80 ml Wasser
2 Stängel Rosmarin
2 EL Pinienkerne
2 Blatt Gelatine
500 g Joghurt (10 % Fett)
4 EL Ahornsirup
150 g Himbeeren

Vanillezucker und Wasser in einen kleinen Topf geben und ca. 5 Minuten sirupartig einkochen lassen. Rosmarin waschen, trocken tupfen und grob hacken. Rosmarin in den Vanillesirup geben und ca. 30 Minuten ziehen lassen und durch ein Sieb gießen.

Pinienkerne in einer Pfanne ohne Fett rösten und 1 Esslöffel der gerösteten Kerne hacken. Gelatine nach Packungsanweisung einweichen und auflösen. Joghurt mit Vanille-Rosmarinsirup, 2 Esslöffeln Ahornsirup und gehackten Pinienkernen verrühren. Gelatine unterheben und Masse auf sechs Souffléförmchen (ca. 125 ml Inhalt) verteilen und mindestens 2 Stunden kalt stellen.

Himbeeren waschen und abtropfen lassen. Ahornmousse mit Himbeeren, restlichem Ahornsirup und Pinienkernen anrichten und mit Rosmarin garniert servieren.

TIPP: *Anstelle von Himbeeren können Sie auch Erdbeeren verwenden.*

Minzparfait

Melonenpüree und das Aroma frischer Minze: eine Harmonie ohnegleichen!

ZUBEREITUNG: 30 MINUTEN
GEFRIERZEIT: 12 STUNDEN
ERGIBT 4 PORTIONEN

Zutaten

1 Bund Minze
150 ml Wasser
2 EL Limettensaft
2–3 EL Pfefferminzlikör
40 g Zucker
1 EL Pinienkerne
1 EL Pistazien
300 g Sahne
5 Eigelb (Größe S)
1 EL Butter
1 Cantaloupemelone

Minze waschen, trocken tupfen, zwei Stängel zur Seite legen und restliche Minze fein hacken. Wasser, 1 Esslöffel Limettensaft, Pfefferminzlikör und 2 Esslöffel Zucker in einen Topf geben und ca. 5 Minuten sirupartig einkochen. Die Hälfte der gehackten Minze unterrühren und abkühlen lassen. Anschließend durch ein Sieb passieren. Pinienkerne fettfrei rösten und zusammen mit Pistazien fein hacken. Sahne steif schlagen. Eigelbe, Butter und restlichen Zucker in einer Schüssel verrühren und über dem heißen Wasserbad schaumig schlagen.

Restliche gehackte Minze, Pistazien, Pinienkerne, Minzsirup und Sahne zugeben und vorsichtig unterheben. Parfaitmasse in vier mit Wasser ausgepinselte Förmchen (ca. 125 ml Inhalt) geben und über Nacht gefrieren lassen. Für das Melonenpüree Melone halbieren, mit einem Löffel die Kerne entfernen und das Fruchtfleisch pürieren. Melonenpüree mit restlichem Limettensaft abschmecken. Minzparfait mit Melonenpüree und Minzblättchen garniert servieren.

Minztee

ZUBEREITUNG: 10 MINUTEN
ZIEHZEIT: 2 TAGE
ERGIBT 4 PORTIONEN (BILD LINKS)

Zutaten

6 Stängel Minze | Mark von 1 Vanilleschote | 100 g Zucker | 1 l Wasser

Minze waschen, trocken tupfen, vier Stängel zur Seite stellen, restliche Minze fein hacken. Vanilleschote aufschneiden. Zucker mit Minze, Vanillemark und Schote in ein Glas geben, gut vermischen und 2 Tage durchziehen lassen. Wasser zum Kochen bringen. Je einen Minzstängel und 1 Esslöffel Minz-Zucker-Mischung in ein Glas geben, mit heißem Wasser aufgießen und ca. 2 Minuten ziehen lassen. Minztee nach Wunsch mit Minz-Zucker-Mischung servieren.

Thymian-Honig-Milch

ZUBEREITUNG: 40 MINUTEN
ZIEHZEIT: 30 MINUTEN
ERGIBT 4 PORTIONEN (BILD LINKS)

Zutaten

6 Stängel Thymian | 1 l Milch
4 EL Honig | 1 Zimtstange | 100 g Sahne

Thymian waschen, trocken tupfen und vier Stängel Thymian als Dekoration zur Seite stellen. Milch mit Honig, Zimtstange, Sahne und restlichem Thymian in einen Topf geben und ca. 30 Minuten ziehen lassen. Thymian-Honig-Milch langsam erhitzen, Zimtstange entfernen und durch ein Sieb seihen. Heiße Thymian-Honig-Milch auf vier Gläser verteilen und mit restlichem Thymian garniert servieren.

Eisschokolade mit Zitronenmelisse

ZUBEREITUNG: 10 MINUTEN
ZIEHZEIT: 30 MINUTEN
KÜHLZEIT: 60 MINUTEN
ERGIBT 4 PORTIONEN (BILD RECHTS)

Zutaten

4 Stängel Zitronenmelisse
1 Tafel Zartbitterschokolade
1 l Milch | 2 EL Vanillezucker

Zitronenmelisse waschen, trocken tupfen und fein hacken. Schokolade grob zerkleinern. Milch, Zitronenmelisse, Schokolade und Vanillezucker in einen Topf geben und ca. 30 Minuten ziehen lassen. Milch langsam erhitzen, dabei rühren, damit sich die Schokolade auflöst. Schokolade durch ein Sieb seihen und im Kühlschrank ca. 60 Minuten abkühlen lassen. Kalte Schokolade auf vier Gläser verteilen.

Minzmojito

ZUBEREITUNG: 10 MINUTEN
ERGIBT 4 PORTIONEN (BILD RECHTS)

Zutaten

4 unbehandelte Limetten
6 Stängel Minze | 4 TL Rohrzucker
100 g crushed Ice | 20 cl weißer Rum
500 ml Mineralwasser

Limetten waschen und achteln. Minze waschen und trocken tupfen. Limettenachtel und Minzblätter auf vier Gläser verteilen und mit je 1 Teelöffel Rohrzucker vermischen. Die Mischung mit einem Stößel leicht andrücken, crushed Ice zugeben und mit Rum beträufeln. Mojito mit Wasser auffüllen und servieren.

Basilikumtiramisu

Lassen Sie sich von dieser innovativen Tiramisukomposition mit knusprigen Waffeln und frischem Basilikum verblüffen.

ZUBEREITUNG: 20 MINUTEN
ERGIBT 4 PORTIONEN (BILD)

Zutaten

250 g Quark
250 g Mascarpone
60 g Zucker
1 Päckchen Vanillezucker
1 unbehandelte Zitrone
6 Stängel Basilikum
4 Belgische Waffeln
4 TL Amaretto
4 EL fertiger Espresso
4 Tassen frisch gebrühter Espresso

Quark, Mascarpone, Zucker und Vanillezucker glatt rühren. Zitrone waschen, Zesten abziehen, Zitrone halbieren und auspressen. Basilikum waschen, trocken tupfen, einen Stängel zur Seite legen, restliches Basilikum in feine Streifen schneiden und mit Zitronensaft unter die Creme rühren.

Waffeln mit Amaretto und Espresso beträufeln und auf vier Tellern anrichten. Aus der Basilikumcreme mit einem Eisportionierer vier Kugeln formen und auf die Waffeln setzen. Mit Zitronenzesten und restlichen Basilikumblättern garnieren. Basilikumtiramisu mit einem frischen Espresso servieren.

▮ VARIANTE: *Einfach 250 g Löffelbiskuits mit Espresso und Amaretto beträufeln. Die Hälfte der Löffelbiskuits in eine Schale legen und mit der Hälfte der Basilikumcreme bestreichen. Restliche Löffelbiskuits und Basilikumcreme in die Form schichten und ca. 2 Stunden ziehen lassen. Mit Zitronenzesten und Basilikumblättern garnieren und servieren.*

Lemon-Chocolat-Trifle

Eine Verführung der Sinne auf englische Art.

ZUBEREITUNG: 20 MINUTEN
ZIEHZEIT: 2 STUNDEN
ERGIBT 4 PORTIONEN

Zutaten

200 g Brownies
200 g Himbeeren
3 Stängel Zitronenverbene
200 g Crème fraîche
50 g Lemon Curd
100 g Sahne
4 TL Himbeergeist

Brownies zerbröseln. Himbeeren und Zitronenverbene waschen, trocken tupfen und vier Himbeeren zur Seite legen. Zitronenverbene fein hacken und mit den Himbeeren vermischen. Crème fraîche mit Lemon Curd verrühren. Sahne steif schlagen und unterheben.

Browniebrösel mit Himbeergeist beträufeln. Abwechselnd Browniebrösel, Himbeeren und Creme in vier Gläser schichten. Trifle mit je einer Himbeere garnieren, 2 Stunden ziehen lassen und servieren.

Thymian-Aprikosen-Tarte

Diese Tarte zeichnet sich durch ihre Raffinesse und Einfachheit aus.

ZUBEREITUNG: 60 MINUTEN
KÜHLZEIT: 30 MINUTEN
ERGIBT 12 STÜCKE

Zutaten

1/2 Bund Thymian
(alternativ Zitronenthymian)
1 unbehandelte Zitrone
125 g Butter
200 g Zucker
2 EL Vanillezucker
1 Prise Salz
3 Eier
175 g Mehl
1 TL Backpulver
Fett für die Form
1 Dose Aprikosen (490 g Abtropfgewicht)
200 g Frischkäse
2 EL Honig
1/2 TL Ingwerpulver

Thymian waschen, trocken tupfen, drei Stängel Thymian zur Seite stellen und restlichen Thymian fein hacken. Zitrone waschen, Schale abreiben, halbieren und auspressen. Butter, Zucker, Vanillezucker, Salz und ein Ei verkneten. Mehl, Backpulver, gehackten Thymian und Zitronenschale zufügen, zu einem glatten Teig verkneten, in Frischhaltefolie wickeln und ca. 30 Minuten kalt stellen.

Eine Backform (30 cm x 15 cm) einfetten. Teig auf einer bemehlten Arbeitsfläche ausrollen, in die Form geben und im vorgeheizten Backofen bei 180 Grad ca. 10 Minuten vorbacken.

Aprikosen gut abtropfen lassen. Restliche Eier mit Frischkäse, 2 Esslöffeln Zitronensaft, Honig und Ingwerpulver zu einer glatten Creme verrühren. Creme über den Teig gießen, Aprikosen auf der Creme verteilen und weitere 20 Minuten backen. Thymian-Aprikosen-Tarte lauwarm servieren.

▮ TIPP: *Dazu schmeckt ein Crème-fraîche-Dip: 250 g Crème fraîche mit 40 g Zucker verrühren und mit Zitronensaft abschmecken.*

Süße Polentaschnitten

Das Aroma der Zitronenverbene gibt diesem Dessert eine ganz besondere Note.

ZUBEREITUNG: 50 MINUTEN
KÜHLZEIT: 90 MINUTEN
ERGIBT 8 PORTIONEN

Zutaten

4 Stängel Zitronenverbene
1 Vanilleschote
1 Liter Milch
50 g Zucker
200 g Polenta (Maisgrieß)
3 EL gehackte Pistazien
3 EL Rosinen
Fett für die Form
4 EL Butter
4 Stangen Rhabarber
100 g Zucker
100 ml Wasser
100 ml roter Rhababersaft, ersatzweise Traubensaft

Zitronenverbene waschen, trocken tupfen und fein hacken. Vanilleschote längs halbieren, Mark herauskratzen und Vanillemark und -schote mit Milch und Zucker zum Kochen bringen.

Polenta in die Milch rühren und aufkochen lassen. Pistazien, Rosinen und Zitronenverbene unter die Polenta rühren. Ein Backblech mit Butter bestreichen und Polentamasse darauf ausstreichen. Abgedeckt ca. 90 Minuten kalt stellen. Polenta in Rauten schneiden. Butter in einer Pfanne erhitzen und Polentarauten nacheinander von beiden Seiten ca. 5 Minuten braten.

Für das Rhabarberkompott Rhabarber waschen, putzen und in Stücke schneiden. Zucker in einem Topf karamellisieren, Rhababer zugeben und durchschwenken. Mit Wasser und Saft ablöschen und ca. 5 Minuten einkochen lassen. Süße Polentarauten mit karamellisiertem Rhababer servieren.

WUSSTEN SIE SCHON: *Polenta wird aus Maisgrieß hergestellt, wird vorgegart und ist unterschiedlich fein gemahlen im Handel erhältlich. Traditionell ist Polenta ein wichtiger Bestandteil der Küche Rumäniens, Moldawiens, des Balkans sowie Norditaliens. Körnige Polenta wird in diesen Ländern häufig als Sättigungsbeilage in Form von einem festen Brei zubereitet, der z.B. mit Käse oder ausgelassenem Speck verfeinert wird. Sehr fein gemahlener Polentagrieß wird dagegen für Backwaren verwendet. In Südamerika werden aus Polenta die berühmten Tortillas hergestellt.*

Erdbeer-Grieß-Süppchen mit Zitronenmelisse

Grießbrei mal anders mit einem fruchtig-frischen Erdbeerpüree.

ZUBEREITUNG: 40 MINUTEN
ERGIBT 4 PORTIONEN

Zutaten

1 Liter Milch (3,5% Fett)
60 g Zucker
4 EL Weichweizengrieß
200 g Sahne
3 Stängel Zitronenmelisse
1 Päckchen geriebene Orangenschale
400 g Erdbeeren
2 EL Orangenlikör
1 1/2 EL Zitronensaft
1 Vanilleschote
8 Waffelröllchen

Milch und 4 Esslöffel Zucker zum Kochen bringen. Grieß einrieseln lassen, aufkochen und bei kleiner Hitze unter Rühren ca. 5 Minuten garen. Grieß vom Herd nehmen und Sahne unterrühren. Zitronenmelisse waschen, trocken tupfen, fein hacken und 2 Esslöffel zur Seite stellen. Restliche Zitronenmelisse und Orangenschale unter die Grießsuppe rühren, abkühlen lassen, dabei immer wieder umrühren und eventuell noch etwas Milch zufügen.

Erdbeeren waschen, gut abtropfen lassen, putzen und mit restlichem Zucker, Orangenlikör und Zitronensaft pürieren. Vanilleschote längs halbieren, das Mark herauskratzen und unter das Erdbeerpüree rühren.

Grießsuppe und Erdbeerpüree abwechselnd in die Mitte von tiefen Tellern füllen, sodass Ringe entstehen. Erdbeer-Grieß-Süppchen mit restlicher Zitronenmelisse bestreuen und mit Waffelröllchen kalt servieren.

Frittierte Salbeiblättchen

Verpassen Sie dem Salbei ein paar Grad extra! Sie werden Ihr grünes Wunder erleben.

ZUBEREITUNG: 25 MINUTEN
ERGIBT 4 PORTIONEN

Zutaten

20-30 Salbeiblätter | 100 g Mehl
80 ml Weißwein | 1 Ei
1 EL brauner Zucker | 2 EL Butter
3 EL Sonnenblumenöl
2 EL Puderzucker
1 Mango
1 EL Zitronensaft
1/2 EL Orangenlikör
Chilipulver

Salbeiblätter waschen und trocken tupfen. Mehl mit Weißwein, Ei und Zucker zu einem glatten Teig verrühren. Butter und Öl in einer Pfanne erhitzen. Salbeiblätter durch den Teig ziehen, kurz im heißen Fett knusprig frittieren, auf einem Küchenkrepp abtropfen lassen und mit Puderzucker bestäuben.

Für die Creme Mango schälen, das Fruchtfleisch vom Stein schneiden und pürieren. Mangocreme mit Zitronensaft und Orangenlikör verfeinern und mit Chilipulver abschmecken. Süße frittierte Salbeiblätter mit Mangocreme servieren.

Zwetschenstrudel mit Rosmarin

Ein extravaganter Genuss.

ZUBEREITUNG: 40 MINUTEN
GEHZEIT: 30 MINUTEN
ERGIBT 12 STÜCK

Zutaten

750 g Zwetschen | 1 unbehandelte Zitrone
150 g brauner Zucker
1/2 Stängel Rosmarin
200 g Butter | 200 g Mehl | 2 Prisen Zimt
5 fertige Strudelteigblätter
(Kühlregal, 31 cm x 30 cm)
3 EL Paniermehl

Zwetschen waschen, halbieren und entsteinen. Zitronenschale abreiben und mit 50 g Zucker unter die Zwetschen mischen. Rosmarin waschen, trocken tupfen und fein hacken. Für die Streusel restlichen Zucker, 100 g Butter, Mehl, Rosmarin und Zimt verkneten.

Restliche Butter in einen Topf schmelzen lassen. Ein Geschirrtuch mit Mehl bestäuben, 1 Strudelteigblatt darauflegen und mit flüssiger Butter bestreichen. Mit vier weiteren Strudelteigblättern wiederholen und übereinanderlegen. Paniermehl auf die Blätter geben. Rundherum einen 3 Zentimeter breiten Rand lassen.

Pflaumenmischung und Rosmarinstreusel darauf geben. Strudel von der Längsseiten her aufrollen und Enden zusammendrücken. Strudel auf ein mit Backpapier ausgelegtes Backblech geben und erneut mit Butter bestreichen. Im vorgeheizten Ofen bei 180 Grad 20–30 Minuten backen. Zwischendurch den Strudel mit restlicher Butter bestreichen. Zwetschenstrudel lauwarm mit Puderzucker bestreut servieren.

Wildkräuter ...

das ganz besondere *Geschmackserlebnis!*

Vor Kurzem wiederentdeckt, gelangen Wildkräuter zu neuem Ruhm – welch überraschende Gaumenfreuden *Bärlauch, Giersch und Co.* zu bieten haben, demonstrieren unsere verlockend wilden Kostproben.

Spitzwegerich-Apfel-Süppchen

Diese Suppe könnte Ihr neuer Favorit werden.

ZUBEREITUNG: 50 MINUTEN
ERGIBT 8 PORTIONEN

Zutaten

4 große, mehligkochende Kartoffeln
1 Möhre
20 g frischer Ingwer
350 g Knollensellerie
2 Zwiebeln
2 Äpfel
4 EL Pflanzenöl
1 Lorbeerblatt
1 TL Currypulver
1 TL Zucker
Salz
gewürzter Pfeffer
1,5 Liter Gemüsebrühe
1 EL Butter
1 Bund Spitzwegerich

Kartoffeln, Möhre, Ingwer und Sellerie schälen und klein würfeln. Zwiebeln abziehen. Einen Apfel vierteln, entkernen, schälen und mit den Zwiebeln klein würfeln. Pflanzenöl in einem Topf erhitzen und Gemüse darin ca. 5 Minuten anbraten. Lorbeerblatt, Currypulver, Zucker, Salz und Pfeffer zugeben, alles mit Brühe ablöschen und ca. 30 Minuten kochen.

Den anderen Apfel entkernen und in Scheiben schneiden. Butter in einer Pfanne erhitzen und Apfelscheiben darin ca. 4 Minuten braten.

Spitzwegerich waschen, trocken tupfen, einige Blätter zur Seite stellen und restlichen Spitzwegerich grob hacken. 5 Minuten vor Ende der Garzeit Spitzwegerich zur Suppe geben. Lorbeerblatt aus der Suppe entfernen und die Suppe pürieren. Spitzwegerich-Apfel-Süppchen mit Salz und Pfeffer abschmecken, mit Apfelscheiben und restlichem Spitzwegerich garniert servieren.

Filetsteaks mit wilder Mayonnaise

Das perfekte Gericht, nicht nur für einen Sommerabend.

ZUBEREITUNG: 40 MINUTEN
MARINIERZEIT: 1 STUNDE
ERGIBT 4 PORTIONEN

Zutaten

1 Zucchini
je 2 kleine rote und gelbe Paprika
4 Rinderfiletsteaks (à 150–175 g)
6 EL Olivenöl
1 EL grobes Meersalz
grober Pfeffer
1 TL Chiliflocken
4 EL gehackte Schafgarbe
1 Ei
1 TL Zitronensaft
1 TL süßer Senf
150 ml Olivenöl
2 EL gehackte Pimpinelle
Salz
Pfeffer
brauner Zucker

Zucchini und Paprika waschen. Zucchini in Scheiben schneiden. Paprika achteln und entkernen. Rinderfiletsteaks waschen, trocken tupfen und zusammen mit Zucchini und Paprika in eine Schüssel geben. Olivenöl mit den Gewürzen und der Schafgarbe verrühren, über das Gemüse und die Rinderfiletsteaks geben und ca. 1 Stunde marinieren.

Für die Mayonnaise Ei, Zitronensaft und Senf verquirlen. Olivenöl tropfenweise unterrühren, bis eine cremige Mayonnaise entsteht. Pimpinelle unterheben, mit Salz, Pfeffer und Zucker abschmecken und kühl stellen.

Steaks und Gemüse aus der Marinade nehmen und abtropfen lassen, Marinade dabei auffangen. Marinade in einer Grillpfanne erhitzen und Steaks und Gemüse nacheinander von beiden Seiten 3–4 Minuten kräftig anbraten. Steaks und Gemüse im vorgeheizten Backofen bei 150 Grad 10–15 Minuten nachziehen lassen, dann mit wilder Mayonnaise servieren.

▌TIPP: *Hierzu schmeckt auch eine schnelle Aioli. Für die Aioli 1/2 Zitrone auspressen. 2 Knoblauchzehen abziehen, fein hacken und unter 100 g leichte Mayonnaise rühren. Mit Zitronensaft, Salz, Pfeffer und Paprikapulver abschmecken und servieren.*

Wildkräuterrisotto

Ein Hoch auf den Risotto! Wildkräuter und Pfifferlinge umschmeicheln diesen Risotto mit ihren feinen Aromen.

ZUBEREITUNG: 45 MINUTEN
ERGIBT 4 PORTIONEN

Zutaten

4 Schalotten
200 g frische Pfifferlinge
4 EL Olivenöl
350 g Risottoreis
125 ml Weißwein
600 ml Gemüsebrühe
Salz
Pfeffer
125 g Sahne
20 g Butter
5 EL gehackte Wildkräuter (z. B. Sauerampfer, Vogelmiere, Wiesenlabkraut)
50 g geriebener Parmesan

Schalotten abziehen und in feine Würfel schneiden. Pfifferlinge putzen und je nach Größe klein schneiden. 3 Esslöffel Öl in einem Topf erhitzen und Schalottenwürfel etwa 3 Minuten glasig anbraten. Reis zugeben und 1–2 Minuten mitbraten.

Mit Weißwein ablöschen und so viel Brühe zugeben, dass der Reis bedeckt ist. Risotto bei kleiner Hitze ca. 20 Minuten köcheln. Dabei immer wieder Brühe nachgießen, umrühren und diese vollständig einkochen lassen.

In der Zwischenzeit restliches Olivenöl in einer Pfanne erhitzen, Pfifferlinge darin 2–4 Minuten braten und mit Salz und Pfeffer würzen.

Sahne und Butter unter den fertigen Risottoreis ziehen. Pfifferlinge, 4 Esslöffel Kräuter und Parmesan unterheben, mit Salz und Pfeffer abschmecken und ca. 3 Minuten ziehen lassen. Risotto mit restlichen Kräutern bestreut servieren.

TIPP: *Anstelle von Pfifferlingen können Sie auch Kräuterseitlinge oder Shiitakepilze im Risotto verwenden.*

Tomaten mit Kräuterfüllung

Tomaten von ihrer schönsten Seite, herzhaft und aromareich gefüllt.

ZUBEREITUNG: 60 MINUTEN
ERGIBT 8 PORTIONEN

Zutaten

8 Fleischtomaten
Kräutersalz
250 g Reis
2 TL Gemüsebrühe (Instant)
2 mittelgroße Zwiebeln
6 Blätter Sauerampfer
4 Scheiben gekochter Schinken
3 EL Bärlauchöl
2 EL gehackte Pinienkerne
Knoblauchpfeffer
Paprikapulver
250 g Sahne
125 ml Brühe
3 EL Kräuterfrischkäse
2 EL gemischte Kräuter

Den Deckel der Tomaten abschneiden, das Fruchtfleisch herausnehmen und leicht mit Kräutersalz ausstreuen. Reis nach Packungsanweisung, jedoch in Gemüsebrühe garen.

Zwiebeln abziehen und fein würfeln. Sauerampfer waschen, trocken tupfen und in Streifen schneiden. Schinken in Würfel schneiden. Bärlauchöl in einer Pfanne erhitzen und Zwiebeln darin kurz anbraten. Den fertigen, gut abgetropften Reis sowie Pinienkerne zugeben. Schinken und Sauerampfer unter die Masse heben, gut vermischen und die Masse pikant mit Salz, Peffer und Paprika abschmecken und in die Tomaten füllen, Deckel aufsetzen und die Tomaten nebeneinander in eine Auflaufform stellen.

Sahne, Brühe, Kräuterfrischkäse und Kräuter zu einer glatten Creme anrühren und in die Auflaufform füllen. Im vorgeheizten Ofen bei 200 Grad 20–30 Minuten garen.

VARIANTE: *Gefüllte Paprika: Für die Füllung Reis wie oben beschrieben zubereiten. 4 Paprika waschen, den Deckel abschneiden und entkernen. 1 Zwiebel abziehen und mit 200 g Chorizo fein würfeln. 2 Esslöffel Öl in einer Pfanne erhitzen und Zwiebel- und Chorizowürfel darin ca. 3 Minuten anbraten. 1 Esslöffel Tomatenmark, 3 Esslöffel Kräuterfrischkäse und 100 g Sahne zugeben. Reis sowie je 2 Esslöffel gehackten Löwenzahn und Giersch untermischen. Mit Salz und Pfeffer abschmecken. Masse in die Paprika füllen und in eine Auflaufform setzen. Mit 100 g geriebenem Manchego bestreuen und im vorgeheizten Backofen bei 180 Grad 30–40 Minuten backen.*

Zanderragout mit Knuspergiersch

Raffiniert kombiniert. Probieren Sie das zarte Fischfilet in cremiger Sauce mit dem besonderen Knusperkick!

ZUBEREITUNG: 40 MINUTEN
ERGIBT 4 PORTIONEN

Zutaten

2 Zitronen
750 g Zanderfilet
grobes Meersalz
Zitronenpfeffer
2 EL Mehl
2 EL Olivenöl
200 g Reis
Salz
125 g Sahne
250 ml Gemüsebrühe
2–3 Safranfäden
2 TL heller Saucenbinder
8 Stängel Giersch
125 ml Olivenöl

Zitronen auspressen. Zanderfilet abspülen, trocken tupfen und in Streifen schneiden. Filetstreifen mit dem Saft von einer Zitrone beträufeln und mit Salz und Pfeffer würzen. Mehl auf einen Teller geben und Zanderstreifen bestäuben. Olivenöl in einer Pfanne erhitzen und die Filetstreifen von beiden Seiten ca. 2 Minuten vorsichtig braten. Filetstreifen auf einen Teller geben und zur Seite stellen.

Sahne und Gemüsebrühe zum Bratensatz in die Pfanne gießen, Safranfäden zugeben und ca. 5 Minuten bei kleiner Hitze einkochen lassen.

Den Saucenbinder unterrühren und die Sauce mit restlichem Zitronensaft, Salz und Pfeffer abschmecken. Zanderstreifen in die Sauce geben und ca. 5 Minuten ziehen lassen. Reis nach Packungsanweisung in Salzwasser garen.

Für den Knuspergiersch Giersch waschen, sehr gut trocken tupfen und Blätter abzupfen. Olivenöl in einem kleinen Topf erhitzen und Gierschblätter nacheinander kurz knusprig frittieren. Zanderragout mit Sauce, Knuspergiersch und Reis servieren.

▌WUSSTEN SIE SCHON: *Der Name Safran leitet sich von dem arabischen Wort „Za'faran" ab und bedeutet „gelb sein". Die aufwendige Safrangewinnung per Hand und der geringe Ertrag machen Safran zu einem der teuersten Gewürze der Welt. Safran wird aus den Blütennarben des Safrankrokus gewonnen. Um 1 Kilogramm Safran zu erhalten, werden ca. 200.000 Blüten benötigt. Sein Geschmack ist kräftig und aromatisch und wird in zu großer Dosierung leicht bitter. Gerne wird Safran auch, aufgrund seiner natürlichen Pflanzenfarbstoffe, zum Färben von Speisen verwendet. Alternativ zu Safran können Sie auch Kurkuma für die Färbung Ihrer Gerichte verwenden.*

Kartoffelsalat mit Knoblauchsrauke

Dieser Salat kommt mit fruchtiger Leichtigkeit und einem feinen Knoblaucharoma daher.

ZUBEREITUNG: 50 MINUTEN
ZIEHZEIT: 60 MINUTEN
ERGIBT 4 PORTIONEN

Zutaten

1 kg festkochende Kartoffeln
Salz
1 Lorbeerblatt
6 EL Bärlauchöl
1 Salatgurke
3 Frühlingszwiebeln
300 g Wassermelone
125 ml Gemüsebrühe
3 EL Kräuteressig
1 EL mittelscharfer Senf
1 TL Zucker
grober Pfeffer
3 Stängel Knoblauchsrauke

Kartoffeln mit Schale in Salzwasser mit Lorbeerblatt 15–20 Minuten garen. Kartoffeln abgießen, noch heiß pellen, in grobe Würfel schneiden und mit Salz und 3 Esslöffeln Bärlauchöl in einer Schüssel vermengen.

Gurke und Frühlingszwiebeln waschen. Gurke halbieren, die Kerne entfernen und in Halbmonde schneiden. Frühlingszwiebeln in Ringe schneiden. Fruchtfleisch der Wassermelone von der Schale schneiden und würfeln. Gurkenscheiben, Frühlingszwiebelringe und Melonenwürfel unter die Kartoffeln heben. Brühe mit Essig, restlichem Bärlauchöl, Senf, Zucker und Pfeffer verrühren.

Knoblauchsrauke waschen, trocken tupfen, grob hacken und mit Marinade unter den Salat heben und ca. 60 Minuten durchziehen lassen. Kartoffelsalat mit Knoblauchsrauke servieren.

▮ TIPP: *Aus Knoblauchsrauke können Sie auch ein aromatisches Pesto zubereiten. Dafür 1 Bund Knoblauchsrauke und 1 Bund glatte Petersilie waschen und trocken tupfen. 50 g Pinienkerne in einer Pfanne fettfrei rösten. Kräuter mit Pinienkernen, 50 g Parmesan und 200 ml Olivenöl pürieren. Im Kühlschrank aufbewahrt hält sich das Pesto ca. 1 Woche. Das Pesto immer mit Olivenöl luftdicht bedecken, damit sich kein Schimmel bilden kann.*

Wildkräuterbrot

Dieses frisch servierte Brot werden Sie niemals vergessen.

ZUBEREITUNG: 40 MINUTEN
GEHZEIT: 30 MINUTEN
ERGIBT 12 STÜCK

Zutaten

20 g frische Hefe
1 TL Honig
200 ml lauwarmes Wasser
250 g Dinkelmehl
3 EL Walnüsse
1 rote Zwiebel
1 EL Olivenöl
1 TL Salz
4 EL gemischte, gehackte Wildkräuter (z. B. Bärlauch, Brennnesselspitzen, Wiesenlabkraut)
1 EL Wasser
Fleur de Sel
grober, bunter Pfeffer
125 g Butter
2 EL Crème fraîche
1 EL gemischte, gehackte Wildkräuter (z. B. Bärlauch, Brennnesselspitzen, Wiesenlabkraut)
Salz
Pfeffer

Für den Teig Hefe mit Honig ins Wasser geben und unter Rühren auflösen. Dinkelmehl zugeben und unterkneten. Teig ca. 20 Minuten zugedeckt an einem warmen Ort gehen lassen.

Walnüsse hacken. Zwiebel abziehen und fein würfeln. Olivenöl in einer Pfanne erhitzen und Zwiebelwürfel darin ca. 3 Minuten glasig anbraten. Zwiebelwürfel zusammen mit Salz, Kräutern und Walnüssen unter den Teig kneten. Teig zu einer ca. 30 Zentimeter langen Stange formen und auf ein mit Backpapier ausgelegtes Backblech legen. Brot mit einem scharfen Messer mehrmals diagonal einschneiden, mit Wasser bestreichen und mit Fleur de Sel und Pfeffer bestreuen. Weitere 10 Minuten gehen lassen. Brot im vorgeheizten Backofen bei 200 Grad 25 Minuten backen.

Für den Aufstrich Butter mit Crème fraîche glatt rühren, Kräuter unterheben und mit Salz und Pfeffer abschmecken. Frisch gebackenes Wildkräuterbrot mit dem Aufstrich servieren.

Gemüsesalat mit Borretsch

ZUBEREITUNG: 30 MINUTEN
ERGIBT 4 PORTIONEN (BILD LINKS)

Zutaten

1 Aubergine | 1 Zucchini | 1 Fenchel
125 ml Olivenöl | 2 EL Kräuteressig
1 TL Dillsenf | Kräutersalz | Pfeffer
1 Knoblauchzehe | 1 Bund Borretsch

Aubgerine und Zucchini waschen, in Scheiben schneiden. Fenchel putzen, Strunk herausschneiden und mit einem scharfen Messer der Länge nach in dünne Scheiben schneiden. 60 ml Olivenöl in einer Grillpfanne erhitzen, nacheinander Fenchel-, Gemüsescheiben darin braten und auf einer großen Platte anrichten. Restliches Olivenöl, Kräuteressig, Senf, Salz, Pfeffer verrühren und über das Gemüse geben. Knoblauch abziehen. Borretsch waschen, trocken tupfen, mit Knoblauch fein hacken und darüber streuen. Gemüsesalat 30 Minuten marinieren.

Bärlauchpizza mit Mozzarella

ZUBEREITUNG: 45 MINUTEN
ERGIBT 2 PORTIONEN (BILD LINKS)

Zutaten

2 Bund Bärlauch | 130 ml Olivenöl
Salz | Pfeffer | 1 Packung fertiger Pizzateig
4 mittelgroße Tomaten | 2 Mozzarellakugeln

Bärlauch waschen, trocken tupfen, fein hacken und mit Olivenöl vermischen. Mit Salz und Pfeffer würzen und ca. 1 Stunde ziehen lassen. Pizzateig in zwei Portionen teilen und oval ausrollen. Tomaten waschen. Mozzarella abtropfen lassen und mit Tomaten in Scheiben schneiden. Teigovale mit Bärlauchöl bestreichen und mit Salz und Pfeffer würzen. Mit Tomaten- und Mozzarellascheiben belegen und im vorgeheiztem Backofen bei 180 Grad ca. 25 Minuten backen.

Wildkräutersalat

ZUBEREITUNG: 30 MINUTEN
ERGIBT 4 PORTIONEN (BILD RECHTS)

Zutaten

1 kleiner Lollo bianco | 1 Bund Rucola
400 g Wildkräuter (z. B. Giersch, Löwenzahn, Sauerampfer, Schafgarbe)
5 EL Olivenöl | 3 EL Himbeeressig
125 ml Orangensaft | 2 TL körniger Senf
1 EL Aprikosenkonfitüre | Salz
Knoblauchpfeffer | 100 g brauner Zucker
80 g Cashewkerne

Salate und Wildkräuter putzen, waschen, gut trocken tupfen. Für das Dressing Öl, Essig, Orangensaft, Senf und Aprikosenkonfitüre gut verrühren, mit Salz, Pfeffer und Zucker abschmecken. Zucker in einer Pfanne karamellisieren, Cashewkerne zugeben. Herausnehmen und abkühlen lassen. Salat auf vier Tellern anrichten, mit Dressing beträufeln und Cashewkernen bestreuen.

Wildkräuterlimonade

ZUBEREITUNG: 10 MINUTEN
ERGIBT 4 PORTIONEN (BILD RECHTS)

Zutaten

2 unbehandelte Zitronen
2 EL gehackte Wildkräuter (z. B. Giersch, Vogelmiere, wilde Möhre)
250 ml klarer Apfelsaft
750 ml Mineralwasser | 100 g crushed Ice
brauner Zucker

Saft von 1/2 Zitrone auspressen. Wildkräuter in einen Topf geben, mit Zitronen- und Apfelsaft aufgießen und ca. 5 Stunden ziehen lassen. Limonade durch ein Sieb in einen Glaskrug seihen, mit Mineralwasser aufgießen. Restliche Zitronen in Spalten schneiden. Zitronenspalten und crushed Ice zugeben, mit Zucker abschmecken und servieren.

Wildkräuterfrikadelle

Wilde Minis, die es in sich haben.

ZUBEREITUNG: 40 MINUTEN
ERGIBT 20 STÜCK (BILD)

Zutaten

1 große Zwiebel
2 Knoblauchzehen
2 Möhren
1 kleine Zucchini
2 EL Pflanzenöl
500 g gemischtes Hackfleisch
3 EL gehackte Wildkräuter
(z. B. Schafgarbe, Giersch)
2 EL gehackte, krause Petersilie
2 EL Crème fraîche
2 EL Tomatenmark
3 EL Paniermehl
1 Ei
Salz
grober Pfeffer
1/2 TL Chiliflocken

Zwiebel und Knoblauch abziehen. Möhren schälen, Zucchini waschen und alles in sehr feine Würfel schneiden. 1 Esslöffel Pflanzenöl in einer Pfanne erhitzen und die Gemüsewürfel darin ca. 4 Minuten dünsten. Hackfleisch, Kräuter, Crème fraîche, Tomatenmark, Paniermehl und Ei gut verkneten, Gemüsewürfel untermischen und mit Salz, Pfeffer und Chiliflocken abschmecken.

Mit feuchten Händen ca. 20 Frikadellen formen. Restliches Pflanzenöl in einer Pfanne erhitzen und Frikadellen von beiden Seiten ca. 5 Minuten knusprig braten. Frikadellen im vorgeheizten Backofen bei 120 Grad ca. 10–15 Minuten nachziehen lassen und servieren.

Cordon bleu mit Bärlauch

Unnachahmlich lecker!

ZUBEREITUNG: 45 MINUTEN
ERGIBT 4 PORTIONEN

Zutaten

16 Bärlauchblätter
8 Minutensteaks vom Schwein
Salz
Knoblauchpfeffer
8 Scheiben dünner Käse
6 Bärlauchblätter
1 Ei
1 EL Milch
1/2 TL Bärlauchsalz
4 EL gemahlene Mandeln
60 g Paniermehl
1 EL Mehl
3 EL Pflanzenöl

Bärlauchblätter waschen und trocken tupfen. Steaks abspülen, trocken tupfen, flach klopfen und mit Salz und Pfeffer würzen. Mit je zwei Bärlauchblättern sowie einer Scheibe Käse belegen, zusammenklappen und mit Holzstäbchen zusammenstecken.

Für die Panade Bärlauchblätter waschen, trocken tupfen und in feine Streifen schneiden. Ei, Milch, Bärlauchsalz und Bärlauchstreifen verrühren. Mandeln und Paniermehl vermischen. Pflanzenöl in einer Pfanne erhitzen. Steaks nacheinander in Mehl, Eimischung und Mandelpanade wenden und von beiden Seiten ca. 2 Minuten braten. Im vorgeheizten Backofen bei 150 Grad ca. 10 Minuten auf einem Backblech nachgaren.

Kräutersteckbriefe

... *Wissenswertes* aus der wunderbaren Welt der Kräuter und Wildkräuter. Herkunft und Vorkommen, Anbau und Verwendung – von Basilikum bis Zitronenverbene und von Bärlauch bis Wilde Möhre.

Basilikum

Das Königskraut

Basilikum (von Altgriechisch basileús = König) gehört zu den Lippenblütengewächsen. Der Herkunftsort von Basilikum liegt vermutlich in Indien. Erst im 12. Jahrhundert wird das Kraut auch in Deutschland kultiviert. Es gibt zahlreiche Basilikumsorten, die sich im Geschmack, der Blätterfarbe und -form unterscheiden. Zu den bekanntesten Sorten gehören „Opal“, das rotblättrige Basilikum, und „Genoveser“, das häufig für Pestos verwendet wird. Das buschige Kraut liebt nährstoffreiche Böden an sonnig-warmen Plätzen. Getrocknet oder tiefgefroren verliert Basilikum von seinem Aroma. Frisches Basilikum gilt als elementares Würzkraut der italienischen Küche. Der wüzig-süße, leicht nelkenartige Geschmack des Krauts kommt am besten frisch in Salaten zur Geltung, passt aber auch hervorragend zu Saucen, Fleisch-, Fisch- und Tomatengerichten. Dabei sollte Basilikum immer erst kurz vor Ende der Garzeit zugefügt werden, da sein Aroma unter starker Hitze leidet und es leicht bitter wird.

Bohnenkraut

Der Pfefferersatz

Bohnenkraut wird der Familie der Lippenblütengewächse zugeordnet. Ursprünglich in Südeuropa beheimatet, wurde das Kraut vermutlich von Mönchen über die Alpen in den Mittelmeerraum gebracht. Das Sommer- bzw. Gartenbohnenkraut ist einjährig und sehr aromatisch, während das mehrjährige Winter- oder Bergbohnenkraut einen etwas herberen Geschmack hat. Bohnenkraut braucht einen sonnigen, warmen, windgeschützten und trockenen Standort. Kurz vor der Blüte werden die Stängel mit den Blättern dicht über der Erde abgeschnitten und entweder frisch, eingefroren oder getrocknet verwendet. Aufgrund seines würzigen und pfeffrigen Geschmacks kann das Kraut auch gut als Pfefferersatz dienen. Es passt, wie sein Name schon sagt, besonders gut zu Bohnengerichten, harmoniert aber ebenso mit anderen Hülsenfrüchten und verfeinert Fisch-, Lamm- oder Kartoffelgerichte.

Dill

Der grazile Riese

Das beliebte Küchenkraut gehört zur Familie der Doldenblüter und sieht dem Fenchel sehr ähnlich. Die einjährige Pflanze, die auch Gurkenkraut genannt wird, weist einen feinen Wuchs mit zart gefiederten Blättern auf und kann eine Höhe von über einem Meter erreichen. Dill wächst an windgeschützten, sonnigen und warmen Standorten und auf nährstoffreicher Erde besonders gut. Den ganzen Sommer über können die zarten Spitzen, Blätter und Stängel frisch verwendet werden. Das feinwürzige Kraut kann man auch getrocknet oder tiefgefroren einsetzen, verliert allerdings durch die Konservierung an Würzkraft. Der kümmelähnliche, würzig-süße Geschmack harmoniert am besten mit Fisch, Gemüse, Saucen, Salaten oder Eingelegtem. Die zarten Blätter sollten im Gegensatz zu den Stängeln nicht mitgekocht, sondern erst vor dem Servieren zugegeben werden. Damit Dill seine Würzkraft noch besser entfaltet, kann das Kraut vor dem Gebrauch zerrieben werden.

Estragon

Das Kraut der Kreuzfahrer

Der Korbblüter Estragon eroberte aus Südrussland und der Mongolei kommend vor allem die französische Küche. Vermutlich ist das Kraut erst mit den Kreuzfahrern in den Mittelmeerraum gelangt. Estragon, das viele ätherische Öle enthält, benötigt viel Platz zum Wachsen und gedeiht am besten an sonnigen Standorten und in nährstoffreichem Boden. Im Sommer können die jungen Triebspitzen und schmalen länglichen Blätter laufend geerntet, frisch verwendet oder tiefgefroren werden. Getrocknet verliert das Kraut sehr an Aroma. Sein würzig-herber, leicht bitterer und anisähnlicher Geschmack vermag salzarme Gerichte schmackhafter zu machen. Estragon verfeinert nicht nur Salatmarinaden und Suppen, sondern auch Gemüse, Fisch- und Fleischgerichte. Als „Muss" gilt Estragon für die Sauce béarnaise und die klassische Kräuterbutter. Sehr beliebt sind auch Estragonsenf oder -essig.

Kresse

Das kultiverte Gartenkraut

Die Gartenkresse gehört zur Familie der Kreuzblütengewächse und hat ihren Ursprung in Vorderasien. Bereits von den Ägyptern, den Griechen und Römern wurde das einjährige Kraut geschätzt. Karl der Große soll den Anbau der Kresse sogar gefördert haben. Die Kresse ist ganz einfach im Beet oder im Haus in einer Keimschale oder auf feuchtem Küchenpapier zu ziehen. Schon nach etwa einer Woche kann die Keimpflanze geerntet werden. Wird regelmäßig nachgesät und werden die Samen immer feucht und warm gehalten, kann Kresse ganzjährig auf der Fensterbank wachsen. Gegessen werden die Keimpflanzen vor der Blüte, denn danach wird die Pflanze ungenießbar. Kresse hat einen würzigen, pfeffrigen und erfrischend scharfen Geschmack, der an Senf oder Meerrettich erinnert. Kressepflanzen werden ausschließlich frisch verwendet. Als ganzes Pflänzchen oder klein geschnitten verfeinert Kresse Salate, Saucen, Suppen oder wertet Speisen optisch auf.

Brunnenkresse

Das wilde Wasserkraut

Brunnenkresse, auch unter den Namen Wasser- oder Bachkresse bekannt, ist ein Kreuzblütengewächs, das vor allem wild wachsend vorkommt. Die Brunnenkresse ist in Europa beheimatet und bevorzugt fließende Gewässer und kühle, schattige Standorte. Die Pflanzen werden bis zu 80 Zentimeter hoch und haben fleischige Blätter. Ihre Triebspitzen werden gern als Gemüse verwendet. Wie die Gartenkresse schmecken die Blätter der Brunnenkresse scharf, pfeffrig und leicht bitter. Die Samen haben einen senfähnlichen Geschmack. Brunnenkresse ist reich an Vitaminen und Mineralstoffen und eignet sich zum Würzen von Salatgemüse und Fleischgerichten sowie zum Garnieren von kalten Platten und Eierspeisen. Dazu wird oft eine Sauce aus Zitronensaft und Zucker bereitet.

Kerbel

Das Feinschmeckerkraut

Der Echte Kerbel gehört zur Familie der Doldenblüter und hat seinen Ursprung wahrscheinlich in Westasien und in Südeuropa. Das einjährige, buschig wachsende Kraut mit glatten oder krausen Blättern ähnelt seinem Geruch und Geschmack nach ein wenig der Petersilie. Kerbel weist allerdings ein feineres Aroma auf und sein Wuchs ist etwas zierlicher. Das recht anspruchslose Kraut wächst nicht nur im Halbschatten auf lockerem, feuchtem und nährstoff-armem Boden, sondern gedeiht auch gut auf der Fensterbank. Die gefiederten Blätter werden entweder frisch verwendet oder eingefroren. Durch Trocknen und langes Kochen verliert Kerbel sein Aroma. Das Kraut schmeckt dann wie Heu. Fein gehackte Blätter oder zarte Zweige reagieren empfindlich auf Hitze und sollten daher erst kurz vor dem Servieren von Kräutersaucen, Suppen, Fisch- und Geflügelgerichten sowie Eierspeisen zugegeben werden. Kerbel ist unter anderem ein wichtiger Bestandteil der Frankfurter Grünen Sauce.

Koriander

Die Chinesische Petersilie

Der Echte Koriander, unter anderem auch unter dem Namen Chinesische Petersilie bekannt, stammt aus der Familie der Doldenblüter und ist mit Anis und Kümmel verwandt. Das Würzkraut hat seinen Ursprung im Vorderen Orient und wurde schon von den Griechen und Römern verwendet. Heute wird Koriander auf der ganzen Welt angebaut. Während seine Samen bevorzugt zu Curry verarbeitet werden und Brote, Brötchen, Plätzchen und Kohlgerichte verfeinern, kommen die hellgrünen, gefiederten Korianderblätter vor allem in der asiatischen, indischen und südamerikanischen Küche zum Einsatz. Dem Aussehen nach ähnelt Koriander zwar der Petersilie, unterscheidet sich aber durch seinen seifenähnlichen Geruch, den man entweder liebt oder hasst. In Europa wird Koriander immer beliebter – das Kraut ist zum Beispiel ein traditioneller Bestandteil der kanarischen Würzsauce Mojo verde.

Liebstöckel

Das Maggikraut

Liebstöckel ist ein typisch deutsches Würzkraut und wird aufgrund seines an Sellerie und Fleischbrühe erinnernden Geschmackes im Volksmund auch Maggikraut oder Luststock genannt. Aus dem Mittleren Osten, vermutlich dem ehemaligen Persien stammend, wurde das Doldenblütengewächs von Mönchen nach Europa gebracht und kultiviert. Liebstöckel gedeiht auf nährstoffreichem, halbschattigem, feuchtem Boden und benötigt viel Platz zum Wachsen.
Die winterharte Pflanze mit den verzweigten Blättern kann bis zu zwei Meter hoch werden. Ihre Samen, Wurzeln und Blätter haben einen sellerieähnlichen und leicht bitter-süßen Geschmack, sie können in der Diätkuche auch als Salzersatz dienen. Frisch, tiefgefroren oder getrocknet verleihen die fein geschnittenen Liebstöckelblätter Suppen, Salaten sowie Gemüse-, Fleisch- und Fischgerichten eine herzhafte Note. Die getrockneten Samen verfeinern nicht nur Eintöpfe und Braten, sondern auch Käsegerichte, Brot und Gebäck.

Lorbeer

Die edle Gewürzpflanze

Der Echte Lorbeer oder Gewürzlorbeer aus der Familie der immergrünen Lorbeergewächse ist sowohl geschmacksintensiv als auch dekorativ. Kein Wunder also, dass der Lorbeerkranz bereits in der Antike ein Symbol des Sieges und Ruhmes war und sich der heutige akademische Grad Bachelor (lateinisch Baccalaureus) von Lorbeer ableitet. Ursprünglich aus Vorderasien stammend, bevorzugt das Laubgehölz sandigen, nährstoffreichen Boden an sonnigen und windgeschützten Standorten. In der Küche verwendet man in der Regel die getrockneten Lorbeerblätter, da die frischen leicht bitter schmecken. Der herb-würzige und vollmundige Geschmack des Lorbeers verfeinert Suppen, Eintöpfe, Fisch-, Fleisch- und Wildgerichte. Auch Sauerkraut, Rotkohl, Eingelegtes und Sülzen werden durch die kräftig grünen Blätter aromatisiert. Darüber hinaus gehören Lorbeerblätter als fester Bestandteil ins Bouquet garni.

Majoran

Das klassische Wurstkraut

Majoran, auch Gartenmajoran genannt, gehört zu den wichtigsten kultivierten Gewürzpflanzen in Deutschland. Das aus Kleinasien stammende Lippenblütengewächs hat dünne, leicht rötliche Stängel und wird bis zu 80 Zentimter hoch. Seine Blätter sind eiförmig und behaart, die Blüten weiß oder rosafarben. Majoran wächst auf warmem, trockenem und lockerem Boden. Man kann die einjährige krautige Pflanze auch gut im Balkonkasten oder Blumentopf ziehen. Die Majorantriebe werden frisch oder getrocknet als Würzmittel für eine Vielzahl von Gerichten verwendet. Sein blumiger, zitroniger, lieblich-würziger Geschmack aromatisert Suppen, Eintöpfe und Pizzas sowie Kartoffel- und Fleischgerichte. Da das Kraut aber auch vielen Brat-, Blut- und Leberwürsten eine charakteristische Würze verleiht, hat es den Beinamen Wurstkraut erhalten. Majoran und Oregano sind zwar verwandt und werden oft miteinander verwechselt, doch während Oregano nach Thymian riecht, duftet Majoran mild-würzig nach Blüten.

Melisse

Das Bienenkraut

Die Zitronenmelisse ist die bekannteste Melissenart. Das buschige Lippenblütengewächs stammt aus dem östlichen Mittelmeergebiet und Westasien. Melissen haben viereckige Stängel, herzförmige krause Blätter und verströmen einen intensiven säuerlichen, zitronenähnlichen Duft. Der Name Melisse hängt mit dem griechischen Wort „meli“ zusammen, das Honig bedeutet, denn die weißlichen Blüten locken im Sommer zahlreiche Bienen an. Die ausdauernde krautige Pflanze braucht lang zum Auskeimen, vermehrt sich allerdings sehr schnell. Melisse liebt windgeschützte, warme Standorte und humusreiche, lockere Böden. Vom Frühjahr bis zum Herbst können die Blätter und die zarten Triebe abgeschnitten und am besten frisch verwendet werden. Das Zitrusaroma verleiht nicht nur Suppen, Salaten und Saucen eine feine Note, sondern auch Getränken, Marmeladen, Kompotten und Süßspeisen.

Minze

Das erfrischende Kraut

Die zur Familie der Lippenblütengewächse gehörenden zahlreichen Minzesorten sind nicht leicht voneinander abzugrenzen. Meist werden sie nach den Kriterien Duftnote, Herkunft und Inhaltsstoffen gegliedert. In Europa ist die Gruppe der Pfefferminze, einer Kreuzung aus Wasser- und Grüner Minze, mit ihrem pfeffrig-scharfen Aroma und ihrem hohen Gehalt an Menthol am weitesten verbreitet. Die Fruchtminzen wie die Orangen-, Apfel- oder Ananasminze weisen aufgrund ihres geringeren Mentholgehalts einen milderen Geschmack auf. In England, USA und Südeuropa werden die Grüne und Krause Minze bevorzugt angebaut, im nördlichen Afrika trinkt man die krausblättrige Nane-Minze als Tee. Die ganzjährig Blätter tragende Minze gedeiht an feuchten und sonnigen Standorten und eignet sich für Garten und Blumentopf. Kurz vor der Blüte und frisch verwendet haben die Minzeblätter das meiste Aroma. Überbrüht mit kochendem Wasser ergeben sie einen durstlöschenden, Magen und Darm beruhigenden Tee. Minze verfeinert Lamm-, Wild- und Fischgerichte sowie Saucen und Süßspeisen. Das erfrischende Kraut findet sich jedoch auch in Likören, Zartbitterschokolade, Bonbons und Kaugummi und dient darüber hinaus zur Herstellung von Minzöl.

Oregano

Das würzig-wilde Unkraut

Oregano, das beliebteste Kraut der italienischen und mediterranen Küche wird im Volksmund auch Wilder Majoran genannt, denn es gehört der gleichen Familie an. Bereits im Mittelalter wurde die anspruchslose Pflanze in Europa und im Mittleren Osten entdeckt. Sie wächst in südlichen Ländern wie Unkraut. Das zu den Lippenblütengewächsen gehörende Kraut ist zwar winterfest, fühlt sich aber an sonnigen, windgeschützten Plätzen, vor allem in kargen Steingärten, aber auch im Blumentopf sehr wohl. Einmal gepflanzt, bringt Oregano jedes Jahr neue Triebe hervor und entwickelt sich im Lauf der Zeit zur üppigen, bis zu 50 Zentimeter hohen Staude. Die grünen Blätter sind oval, geriffelt und leicht behaart, im Sommer leuchten die Oreganoblüten rosa-violett. Sehr beliebt in der Küche ist der intensive Griechische Oregano, der besonders gern für Pizza- und Pastagerichte verwendet wird. Oregano hat ein charakteristisches herbes Aroma, das schärfer, pikanter und intensiver ist als das von Majoran. Vor allem die getrockneten Blätter, die würziger als die frischen sind, kommen zum Einsatz. Ob mediterrane Tomatensauce oder Gemüsegerichte, Oregano darf nicht fehlen. Das Kraut verfeinert Grillmarinaden für Fisch, Meeresfrüchte oder Geflügel und passt ebenso zu Schafskäse oder auch Tex-Mex-Gerichten wie Chili con Carne.

Petersilie

Die beliebte Nummer eins

Die Petersilie gilt als das populärste Küchenkraut, das im Volksmund auch unter den Namen Peterle, Petergrün oder Peterling bekannt ist. Ursprünglich aus dem Mittelmeerraum kommend, wo die Petersilie schon die alten Griechen und Römer mit ihrer Würzkraft begeistert hat, wird die Petersilie heute über die Grenzen Europas hinaus angebaut und verwendet. Sie gehört zur Familie der Doldenblütengewächse und gedeiht besonders gut an sonnigen Standorten mit nährstoffreichen Böden. Man unterscheidet zwei Arten: die kraus- und die glattblättrige Petersilie. Die krause Petersilie ist weniger aromatisch als die glatte und wird gern zum Garnieren von Gerichten verwendet. Die glatte Petersilie spielt eine besondere Rolle in der türkischen und arabischen Küche und verleiht typischen Gerichten wie Taboulé eine besondere Note. Der Geschmack der Petersilie ist leicht süßlich-würzig und harmoniert mit fast allen Küchenkräutern. Daher wird sie oft als Universalgewürz bezeichnet. Das Kraut verfeinert sowohl Salate, Fleisch-, Fisch-, Gemüse- und Pilzgerichte als auch Suppen und Eintöpfe. Allgemein können die Blätter frisch, tiefgefroren oder getrocknet verwendet werden, wobei die Petersilie durch Trocknen, Tiefkühlen und Kochen an Aroma verliert. Die frisch gehackte Petersilie sollte am besten erst kurz vor Ende der Garzeit untergerührt werden.

Rosmarin

Das Nadelkraut

Rosmarin mit seinen hübsch anzusehenden blassblau bis zartviolett blühenden Blüten wird der Familie der Lippenblüter zugeordnet und ist eine uralte Kulturpflanze aus dem Mittelmeerraum. Mit Rosmarin wurden im Altertum Statuen bekränzt und Bräute geschmückt. Das nadelige Kraut kann eine Höhe von zwei Metern erreichen und gedeiht am besten auf humusreichem, sandigem Boden an sonnigen Standorten. Da der Rosmarinstrauch frostempfindlich ist, muss er im Winter ins Haus geholt werden. Die Rosmarinnadeln schmecken herb-würzig, leicht bitter und kampferartig. Aufgrund der enthaltenen ätherischen Öle kann Rosmarin auch als kreislaufanregender und belebender Badezusatz dienen. In der Küche passt der Geschmack von Rosmarin sowohl zu kräftigem Fleisch wie Lamm, Kaninchen und Rind als auch zu mediterranem Gemüse. Rosmarinzweige eignen sich auch vorzüglich zum Aromatisieren von Essig oder Olivenöl. Vor allem beim Garen entfalten die zuvor zerriebenen, zerdrückten oder gehackten nadelförmigen Rosmarinblättchen ihr volles Aroma. Aber auch ganze Zweige können mitgekocht und dann vor dem Servieren wieder entfernt werden.

Salbei

Das heilende Kraut

Salbei (von lateinisch salvare = heilen) ist ein Lippenblütengewächs und wird seit Jahrhunderten als Gewürz- und Arzneipflanze geschätzt. Das intensiv würzig und bitter schmeckende Kraut wirkt desinfizierend, fördert die Wundheilung und kann als Tee Halsschmerzen und Fieber lindern. Am weitesten verbreitet ist der Echte Salbei, auch Garten-, Küchen- oder Heilsalbei genannt. Die immergrüne Pflanze gedeiht an sonnigen, trockenen Standorten auf leicht kalkigem Boden. Verwendet werden die frischen oder getrockneten Blüten und Blätter des Krauts. Frischer Salbei ist milder und duftiger als der getrocknete. Mitgekocht oder in Öl angebraten würzt Salbei unter anderem Fleischgerichte wie Saltimbocca, Wild, Bratensaucen, Suppen, Salate, Fischgerichte und Quarkspeisen. Die kleinen lilafarbenen Blüten des Salbeis können nicht nur verzehrt, sondern auch als dekorative Garnitur eingesetzt werden.

Thymian

Das Erkältungskraut

Der Echte Thymian (von altgriechisch thymos = Rauch) wird den Lippenblütengewächsen zugeordnet und ist die bekannteste Sorte unter den zahlreichen Thymianarten, die als Heil- oder Gewürzpflanze Verwendung finden. Sehr beliebt ist auch der Zitronenthymian, ein Hybride aus der Gattung der Thymiane. Wie der Name andeutet, duftet und schmeckt der Zitronenthymian, dessen Blätter etwas heller und gelblicher sind als die des Echten Thymians, auffallend nach Zitrus und wird daher gern zum Verfeinern von Salaten verwendet. Beheimatet ist der Thymian vor allem im Mittelmeerraum, gedeiht aber auch hierzulande und eignet sich für Gartenbeet und Blumentopf. Das Kraut benötigt helle und trockene Standorte mit nährstoffarmen Böden. Im Garten kann der mehrjährige und winterharte Thymianstrauch durch seinen starken Duft als natürlicher Schädlingsbekämpfer wirken. Werden die Triebe und Blätter des Thymians kurz vor der Blüte geerntet, ist ihr würzig-süßliches Aroma am intensivsten. Thymian, der desinfizierend wirkt und auch gegen Erkältungskrankheiten eingesetzt wird, dient frisch oder getrocknet auch zur Herstellung von Thymianöl. Der Geschmack der getrockne-ten Blätter ist stärker als der von frischen. Beim Kochen entfaltet sich das Thymianaroma ganz besonders. Mit Thymian lassen sich alle mediterranen Gerichte mit Wild, Lamm und Geflügel würzen, das Kraut harmoniert ebenfalls mit vielen Gemüsesorten wie Zucchini, Auberginen und Pa-prika. Thymian gehört auch in die beliebte Kräutermischung „Herbes de Provence".

Schnittlauch

Das Lauchkraut

Der Schnittlauch, das kleinste Mitglied in der Familie der Lauchgewächse, stammt ursprünglich aus Zentralasien und hat sich bereits vor Jahrtausenden über ganze Europa verbreitet. Er gilt als eines der robustesten Küchenkräuter und kann daher gut im Garten oder im Blumentopf auf der Fensterbank gezogen werden. Einmal in feuchter und nährstoffreicher Erde gesät, wächst Schnittlauch über viele Jahre. Werden die oberirdischen zehn bis 25 Zentimeter hohen Röhrenblätter etwa zwei Zentimeter über dem Boden abgeschnitten, wachsen sie das ganze Jahr über nach und können immer geerntet werden. Die ätherischen Öle des Schnittlauchs bedingen sein feinwürzig-dezentes Zwiebelaroma. Die röhrenförmigen Stängel sollten am besten frisch in feine Röllchen geschnitten über Fleischgerichte, Suppen, Eintöpfe, Saucen, Salate, Quark- und Eierspeisen gestreut werden. Sie sehen nicht nur dekorativ aus, sondern verleihen allen Speisen eine würzige Note. Wichtig: Schnittlauch niemals mitkochen!

Zitronenverbene

Das Parfümkraut

Die Zitronenverbene, auch Zitronenduftstrauch genannt, gehört zur Familie der Eisenkrautgewächse, deren Heimat in Südamerika liegt. Der robuste Strauch kann in freier Natur bis zu fünf Meter hoch werden, verträgt jedoch nur kurzfristig Minusgrade. Die pflegeleichte Pflanze gedeiht gut im Topf oder im Kübel auf der Fensterbank oder Terrasse. Die schlanken, lanzenartigen Blätter der Zitronenverbene sowie ihre lilafarbenen Blüten riechen intensiv nach Zitrone. Nicht nur die frischen, sondern auch die getrockneten Blätter verströmen bereits beim Zerreiben ein feines Zitrusaroma und lassen sich zu einem erfrischenden Tee aufbrühen oder dienen zur Parfümierung von Seifen. Die Feinschmecker verwenden das Kraut gern zum Aromatisieren von Süßspeisen und Getränken sowie von Salaten, Fleisch- und Pilzgerichten.

Bärlauch

Der wilde Knoblauch

Die typische Waldpflanze Bärlauch gehört – wie auch der Knoblauch – zu den Zwiebelgewächsen. Dies zeigt sich auch an seinem Beinamen „wilder Knoblauch“ und natürlich an seinem Geschmack, würzig und leicht scharf, aber milder als beim gewöhnlichen Knoblauch. Schon beim Zerreiben der Blätter zwischen den Fingern werden ätherische Öle freigesetzt, die nach Knoblauch riechen. Diese Charakteristik ist auch für die Unterscheidung von Bärlauch und Maiglöckchen ausschlaggebend, da die Bärlauchblätter den giftigen Maiglöckchenblättern zum Verwechseln ähnlich sehen. Bärlauch wächst bevorzugt an feuchten, schattigen und humusreichen Plätzen. Bärlauch ist eine der Pflanzen, die die Kräutersaison im Frühling eröffnen, und kann bis zu seiner Blütezeit Mitte Mai in der Natur gesammelt werden. Inzwischen ist er aber auch in Bioläden und einzelnen Supermärkten erhältlich. Die Verwendung von Bärlauch ist vielfältig, ob als Gewürz für Spätzle, Nocken und Klöße, als Pesto oder als Zugabe zu Salat oder Gemüse.

Borretsch

Das Gurkenkraut

Borretsch gehört zur Familie der Raublattgewächse und ist im gesamten Mittelmeerraum verbreitet, von wo aus es nach Nordeuropa gelangte. Die dicken Stängel und Blätter sind mit rauen Haaren bedeckt und verströmen einen starken Gurkengeruch. Die hübschen sternförmigen, leuchtend blauen Blüten sind nicht nur sehr dekorativ für den Garten, sondern wie auch die Blätter essbar. Im Volksmund wurde der Borretsch auch Himmelsstern oder Gurkenkraut genannt. Bevorzugt wächst Borretsch an sonnigen Standorten mit nährstoffreichem und kalkhaltigem Boden. Die Blätter und Blüten können den ganzen Sommer über gepflückt und am besten frisch verwendet werden. Borretsch passt gut zu Kräutersaucen, Kartoffeln, Eierspeisen und Salaten. Auch dieses Kraut ist ein fester Bestandteil der bekannten Frankfurter Grünen Sauce.

Giersch

Der Hartnäckige

Der hauptsächlich als hartnäckiges Unkraut bekannte Giersch gehört zur Familie der Doldenblüter und ist eines der ältesten Wildgemüse. Im 16. Jahrhundert wurde Spinat als Gemüse populär und verdrängte den Giersch immer mehr von den Speiseplänen. Seine Trivialnamen sind unter anderem Ziegenkraut, Ziegenfuß und Geißfuß. Der Name bezieht sich auf die Gestalt der dreiteiligen Blätter, die an einen Ziegenfuß erinnert. Giersch hat nur geringe Ansprüche an Boden, Wasser und Lichtversorgung und ist allerorts zu finden. Besonders durch seine langen unterirdischen Triebe breitet er sich rasant aus und ist nur schwer zu bekämpfen. Am besten schmecken die jungen Blätter im Frühjahr, ihr Aroma erinnert an Petersilie und Spinat und sie enthalten viele Vitamine und Mineralstoffe. Giersch schmeckt optimal in Salaten und Dips, kann aber auch als gedünstetes Wildgemüse zu Fleischgerichten gereicht oder wegen seiner entzündungshemmenden und entwässernden Wirkung als Heilkraut im Tee genossen werden.

Knoblauchsrauke

Der zarte Wildknoblauch

Die Knoblauchsrauke wurde wie der Bärlauch wiederentdeckt und gewinnt zunehmend an Popularität. Das Kreuzblütengewächs hat seinen Namen vom milden Knoblaucharoma und wurde im Mittelalter als kostengünstiges Gewürz von der ärmeren Bevölkerung verwendet. Idealerweise beginnt die Saison der Knoblauchsrauke, wenn die Bärlauchsaison gerade vorbei ist, und kann wegen des ähnlichen Geschmacks an dessen Stelle verwendet werden. Sammeln kann man die Knoblauchsrauke von April bis Juni an Wegrändern und Hecken, wo man sie oft zusammen mit der Brennnessel vorfindet. Die Pflanze hat herzförmige, gezahnte Blätter und weiße Blüten. Der Geschmack verflüchtigt sich beim Kochen schnell, daher sollte das Kraut den Gerichten frisch beigegeben werden. Gut macht es sich in Pestos, Saucen, Salaten und Dips.

Löwenzahn

Unsere Pusteblume

Löwenzahn, im Volksmund auch unter dem Namen Pusteblume, Bitterblume oder Kuhblume bekannt, ist eine in Europa heimische Wildpflanze, die zur Familie der Korbblüter gehört. Besonders oft findet man ihn auf Wiesen, an Wegrändern und in Gärten. Löwenzahn kann den ganzen Frühling und Sommer hindurch gesammelt werden. Die jungen Blätter im Frühjahr sind milder im Geschmack und eigen sich am besten für Salate. Sommerblätter sind bitterer, nussig und werden vorzugsweise als gedünstetes Gemüse verwendet. Gut schmeckt der Löwenzahn in Pestos, Dips, Salaten und passt gut zu Kartoffeln und Ei. Auch die Wurzel und die Blüten des Löwenzahns können genutzt werden: Die gemahlene Wurzel ist als Kaffeeersatz bekannt und auch als Backofengemüse schmackhaft. Die Blüten können zu Löwenzahnhonig verarbeitet werden. Löwenzahn wikt harntreibend und blutreinigend und wird daher gern zur Entschlackung, beispielsweise bei einer Frühjahrskur, eingesetzt.

Pimpinelle

Der Alleskönner

Pimpinelle, oder der Kleine Wiesenknopf, gehört zur Familie der Rosengewächse und stammt aus dem Mittelmeerraum. Die hellgrünen Blätter des Kleinen Wiesenknopfs sind gefiedert, können von Mai bis November gepflückt werden und haben einen mildwürzigen und nussigen Geschmack. Die Pflanze hat einen an Gurken erinnernden Geruch, erreicht Wuchshöhen von 20 bis 100 Zentimetern und bevorzugt sonnige Standorte mit lockerem Boden. Pimpinelle ist ein fester Bestandteil der Frankfurter Grünen Sauce, schmeckt aber auch hervorragend zu Eierspeisen, Kartoffeln, Gemüse und Fisch sowie in Aufstrichen und Salaten. Beim Kochen verliert die Pflanze ihr typisches Aroma und sollte daher den Speisen stets frisch zugegeben werden. Alternativ kann Pimpinelle gut eingefroren oder in Öl und Essig konserviert werden.

Sauerampfer

Ein Klassiker unter den Wildkräutern

Der Sauerampfer war schon in der Antike als Heil- und Gewürzpflanze bekannt und ist eines der traditionellen Wildgemüse. Seine Blätter sind reich an Vitamin C und Eisen. Der säuerliche, leicht bittere Geschmack wird durch die Oxalsäure hervorgerufen. Das Kraut wird der Familie der Knöterichgewächse zugeordnet und wächst am liebsten auf feuchten Wiesen und an Gewässerrändern. Die Blätter sind grün und fleischig und sitzen auf rötlichen Stängeln. Als klassischer Bestandteil der Frankfurter Grünen Soße wird er gern zu Kartoffeln und Ei gegessen, eignet sich aber auch hervorragend als Gewürz für Salate, Mayonnaisen und Dips oder als gedünstetes Gemüse. Frischen Sauerampfer bekommt man im Frühjahr auf Märkten oder sammelt ihn den ganzen Frühling und Sommer hindurch in der Natur. Dabei haben die jungen und zarten Blätter das feinste Aroma. Zum Trocknen ist er nicht geeignet, da sein typisch säuerlicher Geschmack dabei verloren geht.

Schafgarbe

Das Wiesenkraut

Die gemeine Schafgarbe findet man vor allem auf sonnigen Wiesen, an Wegrändern und auf Brachland. Das anspruchslose Kraut gehört zur Familie der Korbblüter und ist in den gemäßigten Zonen Europas und Mittelasiens zu Hause. Die buschige Staude erreicht Wuchshöhen von 30 bis 80 Zentimetern und entwickelt von Juni bis Oktober weiße und rötliche Blüten. Die im Kraut enthaltenen Bitterstoffe und ätherischen Öle bewirken den charakteristischen Geruch. In der Kräuterküche verwendet man die jungen gefiederten, länglichen Blätter frisch gepflückt für Salat, Kräuterquark, Dips, Risotto und Gemüsegerichte. Darüber hinaus wurde die Schafgarbe schon in der Antike als Heilkraut verwendet. Sie soll verdauungsfördernd und entkrampfend wirken sowie Entzündungen hemmen und bei Menstruationsbeschwerden helfen.

Spitzwegerich

Das Heilkraut

Das zur Familie der Wegerichgewächse gehörende Kraut stammt aus Europa und ist heute weltweit verbreitet. Als Heilpflanze war der Spitzwegerich früher sehr beliebt, wurde zum einen aufgrund seiner schleimlösenden Wirkung als Mittel gegen verschiedene Atemwegserkrankungen als Tee eingenommen, zum anderen wurde der Pflanzensaft bei kleineren Wunden und Insektenstichen eingesetzt. Die Pflanze, die häufig einfach am Wegesrand zu finden ist, wird bis zu 50 Zentimeter hoch, hat schmale spitze Blätter mit starken Fasern, deren Aroma an Pilze erinnert. Im Frühjahr schmecken die zarten Blätter – quer zu Faser geschnitten – als Salat, Gemüse, in Aufstrichen und zu Eierspeisen. Außerdem können die Blätter für Tee getrocknet oder zu Hustensirup verarbeitet werden. Spitzewegerich hat vom Frühjahr bis zum Spätsommer Saison.

Vogelmiere

Ein typisches „Unkraut“

Die zu den Nelkengewächsen gehörende Vogelmiere ist überall auf der Welt zu finden, hat kleine eiförmige Blätter und weiße Blüten. Sie hält selbst bei Minusgraden stand und kann daher vom Frühling bis in den November hinein gesammelt werden. Das Aroma der Vogelmiere ist erdig und erinnert an frische, junge Maiskolben. Die Blätter enthalten Vitamin C und Eisen. In der Küche verwendet man die Vogelmiere in Salaten, Dips, Risotto, zu Fleischgerichten, aber auch als gedünstetes Gemüse. Zu finden ist das Kraut auf Feldern und Wiesen mit gut gedüngtem Boden. Durch ihre bodendeckende Wuchsform wird nicht nur die Pflanze selbst, sondern auch die Erde feucht gehalten, so dass Vogelmiere somit als natürlicher Bodenschutz dient.

Wiesenlabkraut

Ein duftendes Kraut

Das Echte Wiesenlabkraut ist eine Wiesenpflanze aus der Familie der Rötegewächse. Die krautige Pflanze erreicht Wuchshöhen bis zu einem Meter und hat schmale, fast nadelartige Blätter. Gut zu erkennen ist das Labkraut, da die Blätter etagenweise in einem Kranz um die Stängel angeordnet sind. Außerdem duften seine kleinen und gelben Blüten intensiv nach Honig. Von Juni bis August kann das Labkraut auf Wiesen, Weiden und an Wegrändern gesammelt werden. Junges Labkraut schmeckt ähnlich wie Erbsen und passt gut in Aufstriche, Kräuteröle und Salat. Verschiedene Geschichten ranken sich um den Namen „Echtes Labkraut". So sollen die alten Griechen das Labkraut wie ein Labferment verwendet haben, um aus Milch Käse herzustellen.

Wilde Möhre

Der Vorfahre der Gartenmöhre

Aus Vorderasiens stammend ist die Wilde Möhre eine der ältesten Kulturpflanzen. In Europa ist die Pflanze, die zur Familie der Doldenblüter gehört, heute überall auf Wiesen, Feldern, an Böschungen und Wegrändern zu finden. Das Kraut bevorzugt lockere, sandige und steinige Böden im Halbschatten und erreicht Wuchshöhen von bis zu 120 Zentimetern. Die Wilde Möhre ist eine mehrjährige Pflanze und stellt gewissermaßen einen Elternteil unserer Gartenmöhre dar. Im Gegensatz zur Gartenmöhre ist die Speicherwurzel der Wilden Möhre bleich. Die sehr aromatischen, zwei- bis vierfach gefiederten Blätter werden in der Kräuterküche für Salate, Dips, Aufstriche und zu Gemüse und Fleisch verwendet.

Bezugsquellen für Kräuter

Bioland-Gärtnerei für Kräuter und Wildpflanzen Strickler, www.gaertnerei-strickler.de

Hof Berggarten GbR (Birgit Lau, Robert Schönfeld), www.hof-berggarten.de

Essbare Landschaften, www.essbare-landschaften.de

Kräuter-Simon, www.kraeuter-simon.com

Staudengärtnerei Gaissmayer, www.gaissmayer.de

Gärtnerei Wilde Kost, www.wilde-kost.de

Wildkräuterversand Wilde-7, www.wilde-7.de

Die Kräuterei, www.kraeuterei.de